首都圏版㊵　**最新入試に対応！ 家庭学習に最適の問題集!!**

埼玉大学教育学部附属小学校

2022年度版 過去問題集

〈問題集の効果的な使い方〉

①お子さまの学習を始める前に、まずは保護者の方が「入試問題」の傾向や、どの程度難しいか把握します。もちろん、すべての「学習のポイント」にも目を通してください

②各分野の学習を先に行い、基礎学力を養いましょう！

③「力が付いてきたら」と思ったら「過去問題」にチャレンジ！

④お子さまの得意・苦手がわかったら、その分野の学習を進め、全体的なレベルアップを図りましょう！

合格のための問題集

埼玉大学教育学部附属小学校

図形	Ｊｒ・ウォッチャー４「同図形探し」
図形	Ｊｒ・ウォッチャー48「鏡図形」
図形	Ｊｒ・ウォッチャー54「図形の構成」
常識	Ｊｒ・ウォッチャー13「時間の流れ」
巧緻性	実践 ゆびさきトレーニング①②③

2016～2021年度 過去問題を掲載 ＋ 各問題にアドバイス付!!

日本学習図書 ニチガク

ニチガク式学習支援!!

日本学習図書 ニチガク

ニチガクの家庭学習支援

Web学習サポートサービス

こんなこと…ありませんか？

「ニチガクの問題集…買ったはいいけど、、、
この問題の教え方がわからない（汗）」

メールでお悩み解決します！

- ☆ ホームページ内の専用フォームで必要事項を入力！
- ☆ 教え方に困っているニチガクの問題を教えてください！
- ☆ 確認終了後、具体的な指導方法をメールでご返信！
- ☆ 全国どこでも！ スマホでも！ ぜひご活用ください！

＜質問回答例＞

学習のポイント

推理分野の学習では、後の学習に活きる思考力を養うことができます。ご家庭で指導する場合にも、テクニックにたよらず、保護者の方が先に基本的な考え方を理解した上で、お子さまによく考えさせることを大切にして指導してください。

Q.「お子さまによく考えさせることを大切にして指導してください」と学習のポイントにありますが、考える習慣をつけさせるためには、具体的にどのようにしたらいいですか？

A. お子さまが考える時間を持てるように、質問の仕方と、タイミングに工夫をしてみてください。
たとえば、「答えはあっているけど、どうやってその答えを見つけたの」「答えは○○なんだけど、どうしてだと思う？」という感じです。はじめのうちは、「必ず30秒考えてから手を動かす」などのルールを決める方法もおすすめです。

まずは、ホームページへアクセスしてください!!

http://www.nichigaku.jp 日本学習図書 検索

目指せ！合格！

家庭学習ガイド
埼玉大学教育学部附属小学校

入試情報

募集人数：男子約35名／女子約35名
応募者数：男子139名／女子126名
出題形式：第1次検査：（1日目）ペーパー、巧緻性、運動
　第2次検査：（合格者のみ2日目）行動観察、面接
　第3次検査：抽選
面　　接：保護者・志願者同時
出題領域：ペーパー（図形、数量、常識、模写）、制作・巧緻性、運動、行動観察

入試対策

ペーパーテストはそれほど難しいものではありません。小学校受験の問題としては標準的なものです。例年、図形、数量、常識といった分野から出題されていますが、これといった難問はなく、比較的対策はとりやすいと言えるのではないでしょうか。ただし、対策がとりやすいということは、ペーパーテストの平均点が高くなり、1つのミスが合否を左右してしまうということにもなります。ケアレスミスに注意しましょう。また、しばらく出題されていなかった比較の問題が、2021年度は出題されています。この程度の変化は数年ごとにありますから、過去問の出題分野以外の分野も基本は学んでおいてください。運動テストはサーキット運動が出題されます。年齢相応の運動能力があれば困ることはありませんが、その指示（手順）はやや複雑です。集中して指示を聞くようにしてください。
2日目の検査での行動観察は、集団でのゲームが多いようです。協調性・積極性などが評価の対象になりますから、良い評価を受けるような思いやりのある行動を心がけてください。

●過去に出題された問題が出題されることが多いので、過去問題も数年さかのぼって取り組んでください。ただし、答えを覚えても意味がないので、「なぜそうなるか」まで理解した学習を各分野で行いましょう。

●運動の課題だけでなく、筆記試験でもシールを貼るなど手を動かす問題が出題されています。頭をつかう学習にばかり力を注ぐのではなく、指先や手を動かしながら考える学習も楽しみながら取り組みましょう。

「埼玉大学教育学部附属小学校」について

〈受験にあたって〉

当校は、「かしこく」「あかるく」「なかよく」「たくましく」を重点目標に、勤労をいとわない自主的精神の旺盛な人間性豊かなよき社会人を育成するための教育を行っている学校です。開校当初から教育研究のための場として、現在も教育上のさまざまな研究や実験を行っています。

当校の入学検査は２段階選抜方式が採られています。第１次検査ではペーパーテスト、制作・巧緻性テスト、運動テストが実施され、その合格者のみが第２次検査の面接、行動観察に進むことができます。第１次検査で男女各約 100 名、第２次検査で男女各約 60 名に絞られ、最後の抽選で男女各約 35 名の合格者が決定します。第１次検査で合格することが最初の関門なので、出題傾向を把握した上で、しっかりとした対策をとっておきましょう。

ペーパーテストは、図形、数量、常識、模写などが出題されました。全体的な難易度はそれほど高くはありませんが、いくつか若干難易度の高い問題が出題されています。応用問題もこなせる力があれば安心です。もちろん、やさしい問題での取りこぼしやうっかりミスは致命的です。学習のポイントは基礎基本の理解ですから、基本レベルの問題ならば、いつでも正確に解ける力を身に付けた上で、応用力を発揮できるようにしましょう。

制作・巧緻性では、ハサミやのりを使用し、切り貼りする課題が毎年出題されていますので、これらの道具の使い方に慣れておく必要があります。特にのりは、さまざまな種類のものを日常的に使うようにすることで、実際の試験でどのようなタイプのものが用意されても対応できるようにしましょう。また、後片付けも大切ですので、床に落ちたゴミはもちろんのこと、机に付いたのりの跡もきちんと拭くように指導してください。

〈2021 年度選考〉

〈第１次検査〉（１日目）
- ●ペーパーテスト（図形、数量、常識、模写）
- ●運動（サーキット）
- ●制作テスト

〈第２次検査（１次合格者のみ）〉（２日目）
- ●面接（保護者と志願者）
- ●行動観察

〈第３次検査〉
- ●抽選

応募者数

2021 年度	男子 139 名	女子 126 名
2020 年度	男子 111 名	女子 129 名
2019 年度	男子 153 名	女子 124 名
2018 年度	男子 146 名	女子 119 名
2017 年度	男子 153 名	女子 125 名

〈本書掲載分以外の過去問題〉

◆数量：重なっている積み木を数え、２番目に多いものを選ぶ。[2014 年度]
◆比較：お話を聞いて、１番重いものを選ぶ。[2013 年度]
◆観察：４人のグループでドミノを並べる。[2013 年度]
◆制作：ハサミで切り抜き、折って、貼る。[2013 年度]

㊢ 先輩ママたちの声！

◆実際に受験をされた方からのアドバイスです。
ぜひ参考にしてください。

埼玉大学教育学部附属小学校

・１次試験の待ち時間が親子共々長いので、折り紙、塗り絵、あやとり、本などを持っていきました。また、控え室によっては寒いところもあるので防寒対策をしっかりしていった方がよいと思います。

・運動をするので、髪を留めるゴムは丈夫なものがよいです。また、子どもの上着が入るような大きめなバッグを持参すると便利です。

・面接はそれほど堅い雰囲気ではありませんでした。説明会でのお話が非常に参考になりました。説明会はしっかり聞いておくことをおすすめします。また、保護者が話している時の子どもの様子など、態度全体もチェックしているようでした。

・面接を待っている間、親の緊張が子どもに伝わり、プレッシャーになるので、入室前に深呼吸をするとよいと思います。

・子どもはふだん通りで、わからなかったら「わかりません」とはっきり言うことだけを伝えました。あまり緊張せずにできてよかったと思います。ふだん以上のことは、あまり望まないようにしました。

・説明会は予想以上の人数に驚きました。内容が盛りだくさんなので、筆記用具を持参されるとよいと思います。学校の中が見られる数少ない機会なので、参加してよかったと思います。

・説明会では、教育方針についてかなりていねいに話していただけます。私立とは違うので、学校の方針をよく理解した上で受験を考えるように話されます。学校行事に関する映像も見せていただきました。

・学校行事には子どもを連れて参加しました。試験当日がはじめての来校ではなかったことで、子どもは緊張せずに試験に臨めたようです。連れて行ってよかったと思いました。

・緊張しすぎないのが１番だと思います。親子で楽しんでください。

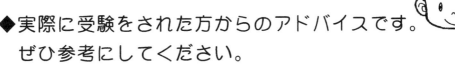

埼玉大学教育学部
附属小学校

過去問題集

現在、少子化が叫ばれているにもかかわらず、私立・国立小学校の入学試験には一定の応募者があります。入試は、ただやみくもに学習するだけでは成果を得ることはできません。志望校の過去における出題傾向を研究・把握した上で、練習を進めていくこと、その上で試験までに志願者の不得意分野を克服していくことが必須条件です。そこで、本問題集は小学校を受験される方々に、志望校の出題傾向をより詳しく知って頂くために、過去に遡り出題頻度の高い問題を結集いたしました。最新のデータを含む精選された過去問題集で実力をお付けください。

また、志望校の選択には弊社発行の「2022年度版　首都圏・東日本　国立・私立小学校　進学のてびき」「2022年度版　国立小学校ハンドブック」をぜひ参考になさってください。

〈本書ご使用方法〉

◆出題者は出題前に一度問題を通読し、出題内容などを把握した上で、〈準備〉の欄に表記してあるものを用意してから始めてください。

◆お子さまに絵の頁を渡し、出題者が問題文を読む形式で出題してください。問題を読んだ後で、絵の頁を渡す問題もありますのでご注意ください。

◆「分野」は、問題の分野を表しています。弊社の問題集の分野に対応していますので、復習の際の目安にお役立てください。

◆一部の描画や工作、常識等の問題については、解答が省略されているものがあります。お子さまの答えが成り立つか、出題者が各自でご判断ください。

◆〈時間〉につきましては、目安とお考えください。

◆［〇年度］は、問題の出題年度です。［2021年度］は、「2020年の秋から冬にかけて行われた2021年度志願者向けの考査の問題」という意味です。

◆学習のポイントは、指導の際にご参考にしてください。

◆【おすすめ問題集】は各問題の基礎力養成や実力アップにご使用ください。

〈本書ご使用にあたっての注意点〉

◆文中に**この問題の絵は縦に使用してください。**と記載してある問題の絵は縦にしてお使いください。

◆〈準備〉の欄で、クレヨンと表記してある場合は12色程度のものを、画用紙と表記してある場合は白い画用紙をご用意ください。

◆文中に**この問題の絵はありません。**と記載してある問題には絵の頁がありませんので、ご注意ください。なお、問題の絵の右上にある番号が連番でなくても、中央下の頁番号が連番の場合は落丁ではありません。

下記一覧表の●が付いている問題は絵がありません。

問題1	問題2	問題3	問題4	問題5	問題6	問題7	問題8	問題9	問題10
							●		
問題11	問題12	問題13	問題14	問題15	問題16	問題17	問題18	問題19	問題20
						●			
問題21	問題22	問題23	問題24	問題25	問題26	問題27	問題28	問題29	問題30
問題31	問題32	問題33	問題34	問題35	問題36	問題37	問題38	問題39	問題40
問題41	問題42	問題43	問題44	問題45					

※問題を始める前に、本文１頁の「本書ご使用方法」「本書ご使用にあたっての注意点」をご覧ください。
※本校の考査は、鉛筆を使用します。訂正の際は×をつけ、正しい解答に○をつけてください。

保護者の方は、別紙の「家庭学習ガイド」「受験にあたって」を先にお読みください。
当校の対策および学習を進めていく上で、役立つ内容です。ぜひ、ご覧ください。

2021年度の最新問題

問題１　分野：数量（選んで数える）

〈準 備〉　鉛筆

〈問 題〉　左の絵が２番目に多いものはどれでしょうか。右から１つずつ選んで○をつけてください。

〈時 間〉　３分

問題２　分野：図形（図形の合成・パズル）

〈準 備〉　鉛筆

〈問 題〉　左の形が作れる組み合わせを、右から１つずつ選んで○をつけてください。図形を重ねてはいけません。

〈時 間〉　２分

問題３　分野：推理（比較）

〈準 備〉　鉛筆

〈問 題〉　**この問題の絵は縦に使用してください。**
いちばん背の高いのは誰ですか。右の中から１人ずつ選んで○をつけてください。

〈時 間〉　１分

問題4　分野：図形（鏡図形）

〈準備〉　鉛筆

〈問題〉　いちばん左側の絵を見てください。この絵を鏡に写すと、どのように見えますか。それぞれの段の右側から選んで○をつけてください。

〈時間〉　３分

問題5　分野：巧緻性（塗る）

〈準備〉　鉛筆

〈問題〉　矢印の前にある絵と同じになるように、矢印の後ろの絵を鉛筆で塗ったり、線を引いたりしましょう。

〈時間〉　４分

問題6　分野：巧緻性（貼る）

〈準備〉　あらかじめ問題６－１と問題６－３に指定の色を塗っておく。問題６－３は裏に両面テープを貼って切り取り、長方形のシール（赤９枚、青９枚、黄色９枚）を作成する。

〈問題〉　（問題６の絵を表を上にして渡す）このお手本と同じになるようにシールを貼ってください。

〈時間〉　10分

問題7　分野：運動

〈準備〉　ダンボール箱（２個、それぞれキリンとクマの絵を上部に貼る）、重い箱、マットレス、ストップウォッチ

〈問題〉　（この問題は15～20人程度のグループで行う。あらかじめ準備した道具を、問題７の絵を参考にして配置する）これから、さまざまな運動をします。まず、私（出題者）がお手本を見せますから、同じようにスタートからゴールまで進んでください。待っている間と、運動が終わった後は、体育座り（三角座り）で待っていてください。

◆課題１

　両足を揃えてスタートラインに立つ。「用意始め」の合図でクマの絵の箱まで走って箱の周りを１周する。そのままキリンの絵の箱まで走り、キリンの絵の箱で折り返して、ゴールまで走る。

◆課題２

①マットの上にある重い箱をマットから落ちるまで引っ張る。

②そのまま肋木のあるところまで走り、肋木に登る。肋木の上のライオンの絵にタッチしてから降りる（落ちないようにと実施前に指示される。

③棒の下の鈴に手でタッチしながら、ジグザグにゴールまで走る。

〈時間〉　約20分

問題8　分野：面接（親子面接）

〈準備〉　なし

〈問題〉　この問題の絵はありません。面接官は２名、保護者１名と志願者で面接を行います。

【志願者へ】
・お子さまはスタンプを押すのでカードを持ってきてください。
・お名前を教えてください。
・お隣に座っている人はどなたですか。
・おうちの人によくするあいさつは何ですか。できるだけたくさん教えてください。
・ここにはじめてのお友だちがたくさんいるとします。あなたならどうやってお友だちと仲良くなろうとしますか。できるだけたくさん教えてください。
・小学校に入ったら、はじめてのお友だちがたくさんいると思います。仲良くなるために、どうやって声をかけますか。
・お友だち２人で遊ぶ時、２人で遊びたいものが違いました。そんな時はどうしますか。
・附属小学校でがんばりたいことは何ですか。

【志願者と保護者へ】
・ここからは保護者の方もお子さまといっしょにお話していただきます。家族や大切な人にお誕生日プレゼントをあげることになりました。どんなプレゼントがいいか２人で相談してください。

【保護者へ】
・社会で働き方改革が言われていますが、それは学校教育でも同じだと思います。それについてどう思われますか。お考えをお聞かせください。
・学校でトラブルがあって、お子さまがもう学校には行きたくないと泣いて帰ってきました。その場合、どのような対応をなさいますか。翌朝のことまで順を追ってお話しください。
・子育てには、学校と家庭とが連携することが大切なのですが、どのようにすれば連携が取れると思われますか。お考えをお聞かせください。
・本校には３つの特色があります。３つすべてを言ってください。それから、その中の１つを選んで、ご家庭の教育方針と合わせてお話しください。１分程度でお願いいたします。

〈時間〉　10分

家庭学習のコツ①　「先輩ママのアドバイス」を読みましょう！

本書冒頭の「先輩ママのアドバイス」には、実際に試験を経験された方の貴重なお話が掲載されています。対策学習への取り組み方だけでなく、試験場の雰囲気や会場での過ごし方、お子さまの健康管理、家庭学習の方法など、さまざまなことがらについてのアドバイスもあります。先輩ママの体験談、アドバイスに学び、ステップアップを図りましょう！

問題 1

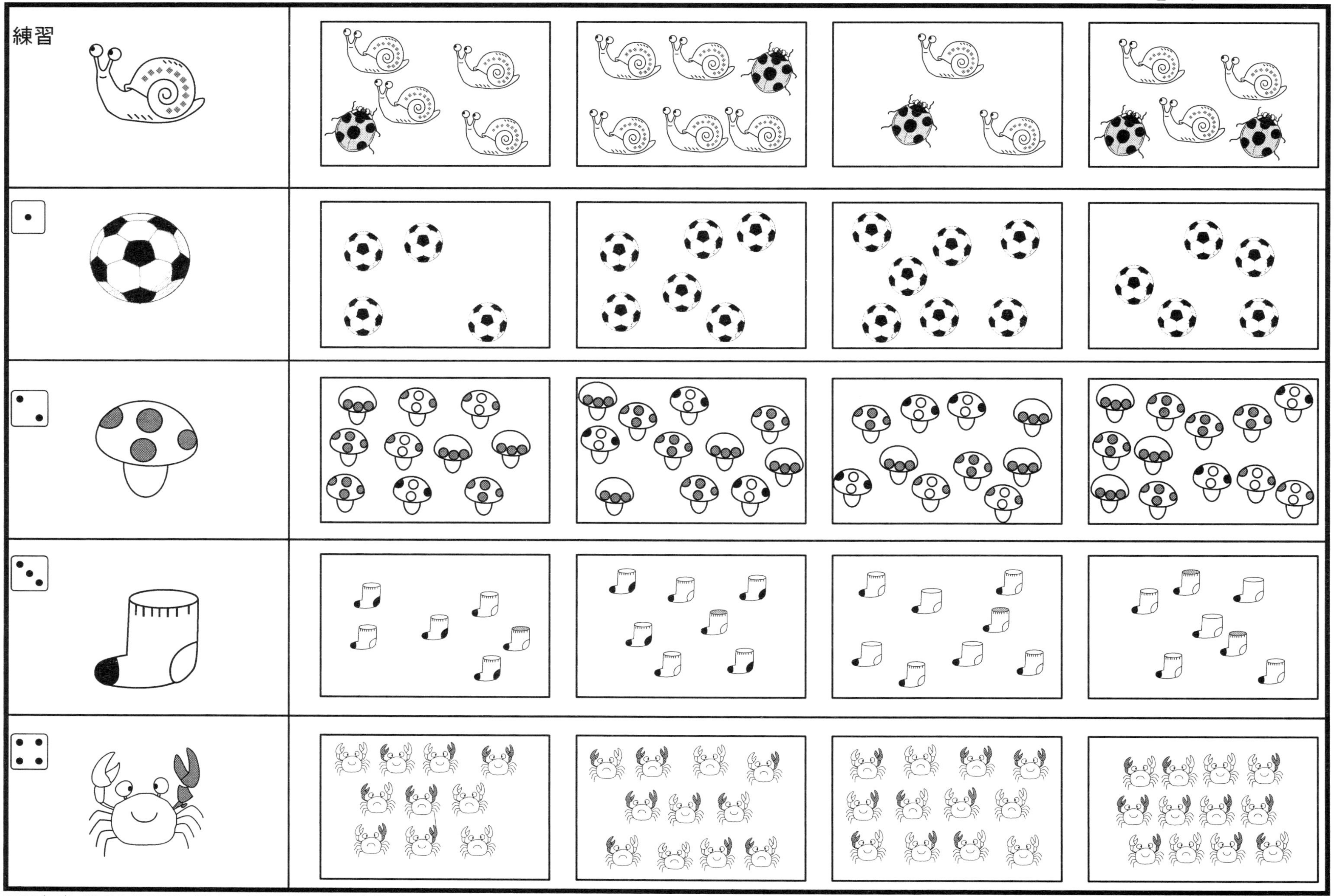
練習

問題2

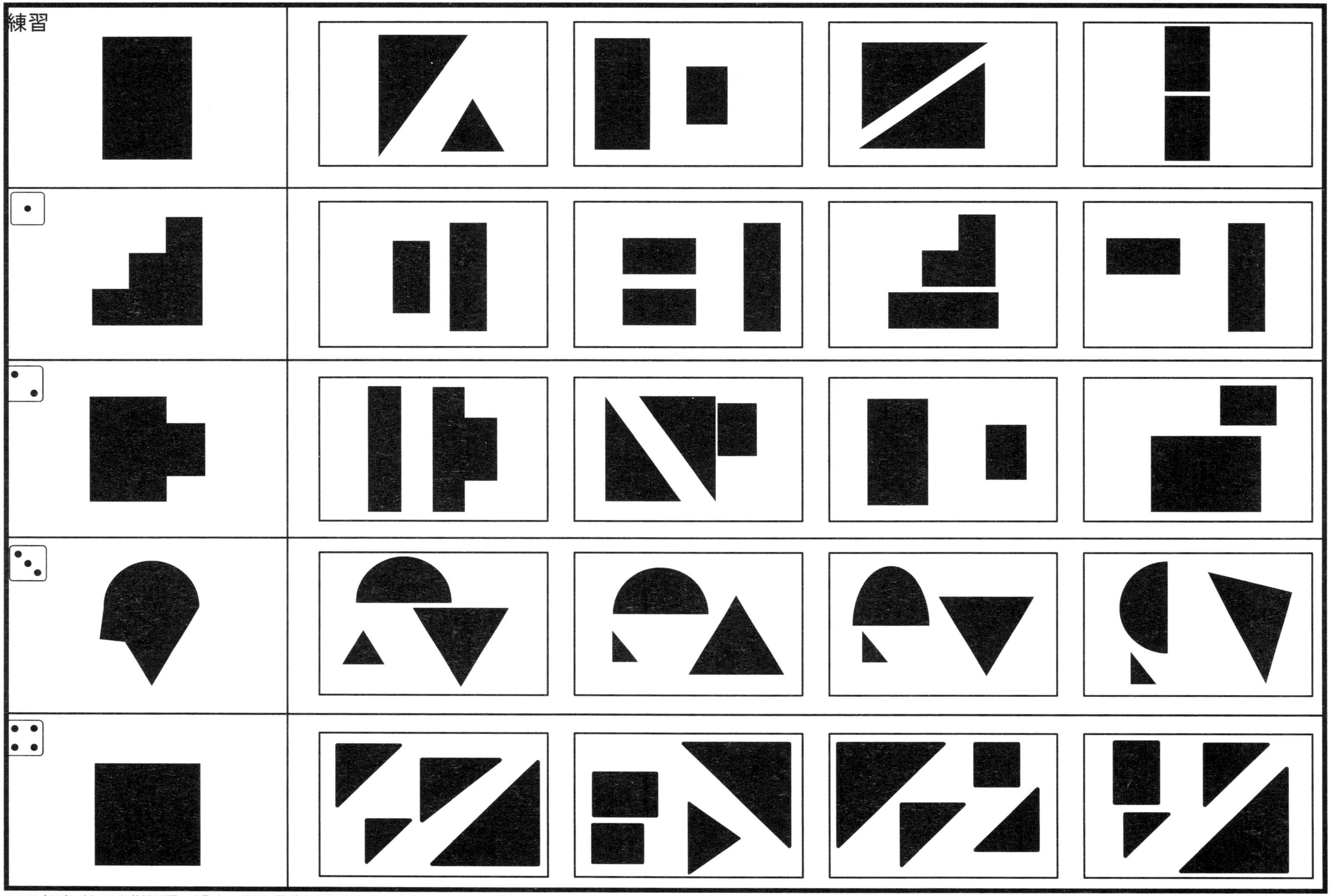

問題3

練習

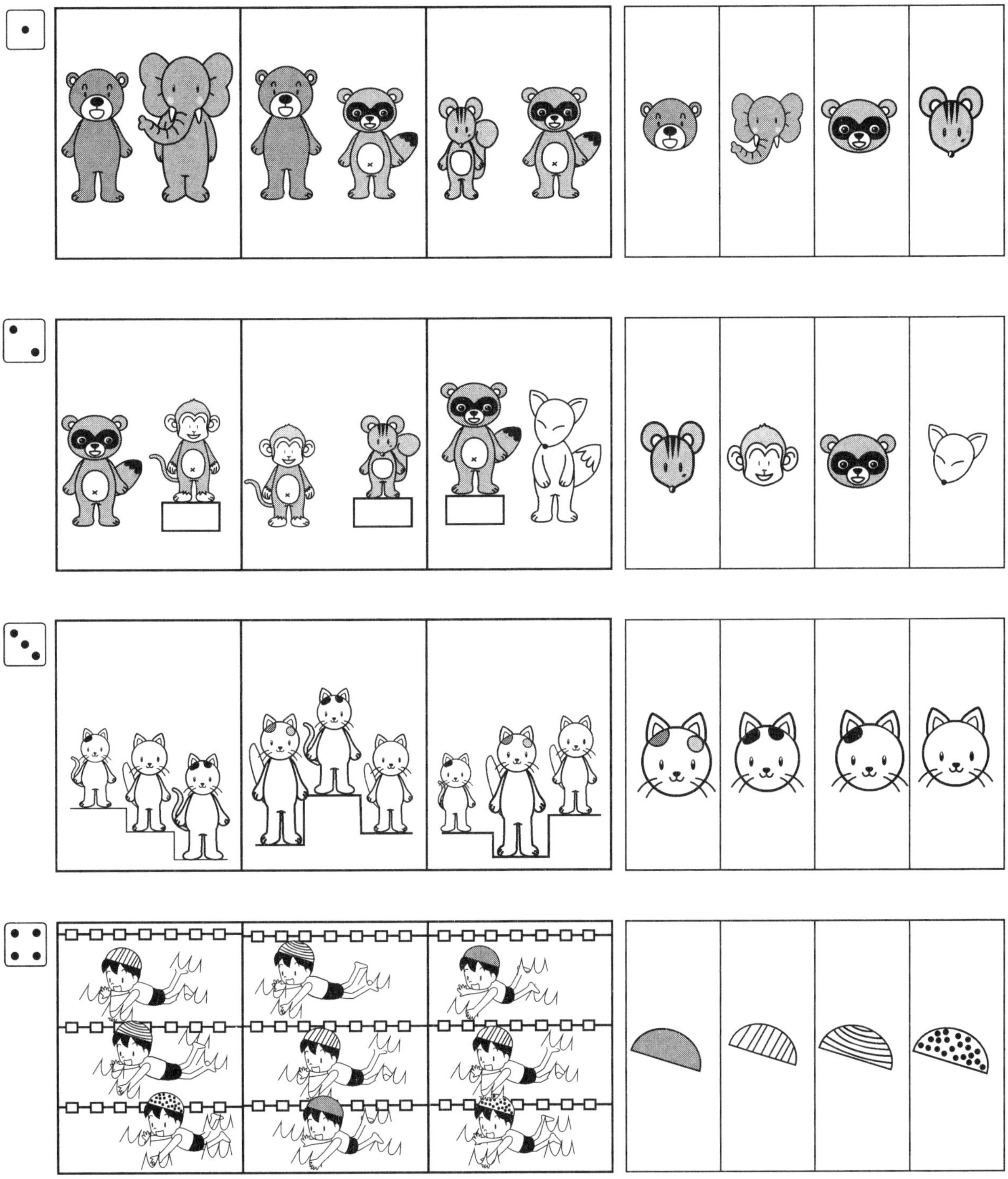

問題4

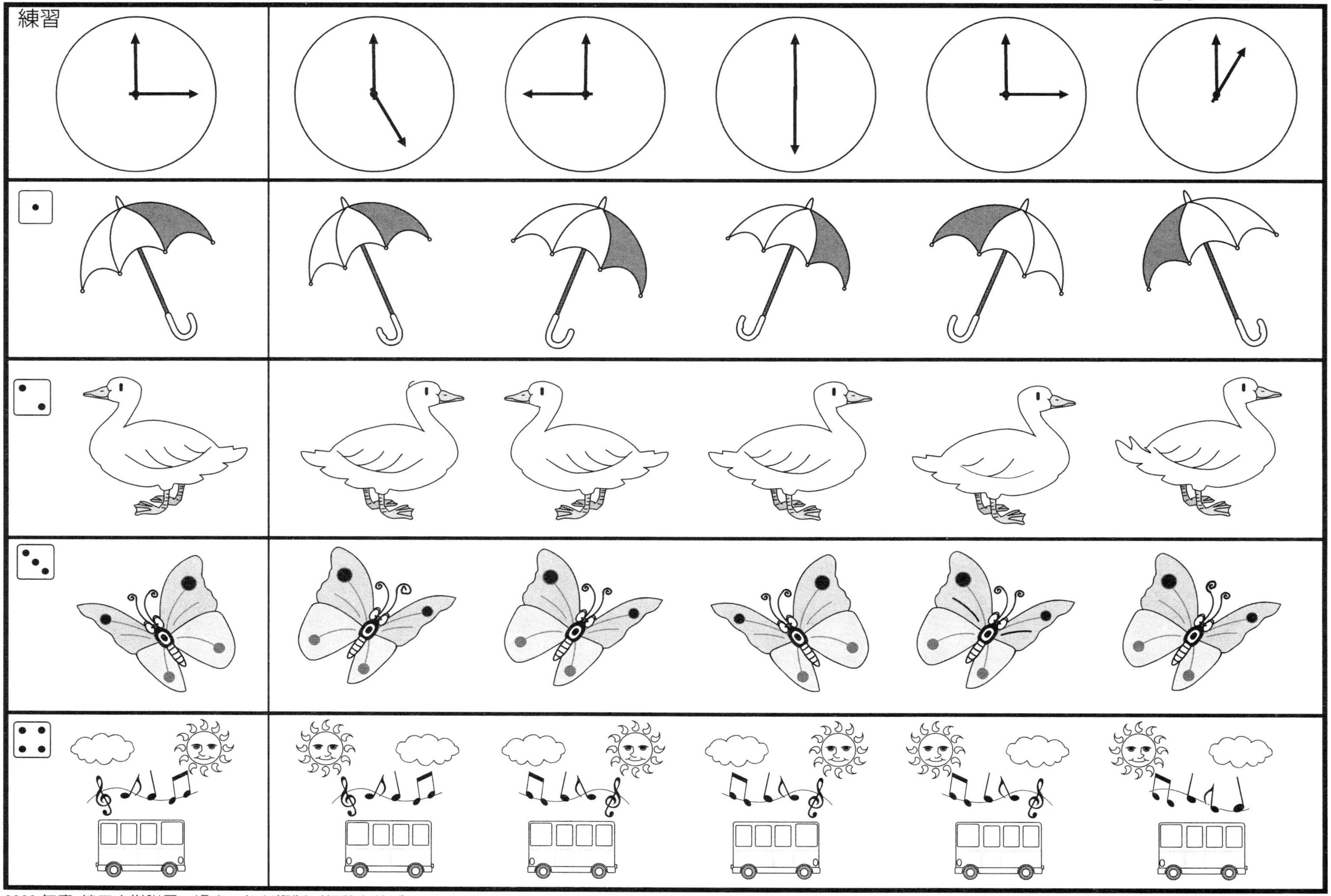

問題5－1

練習

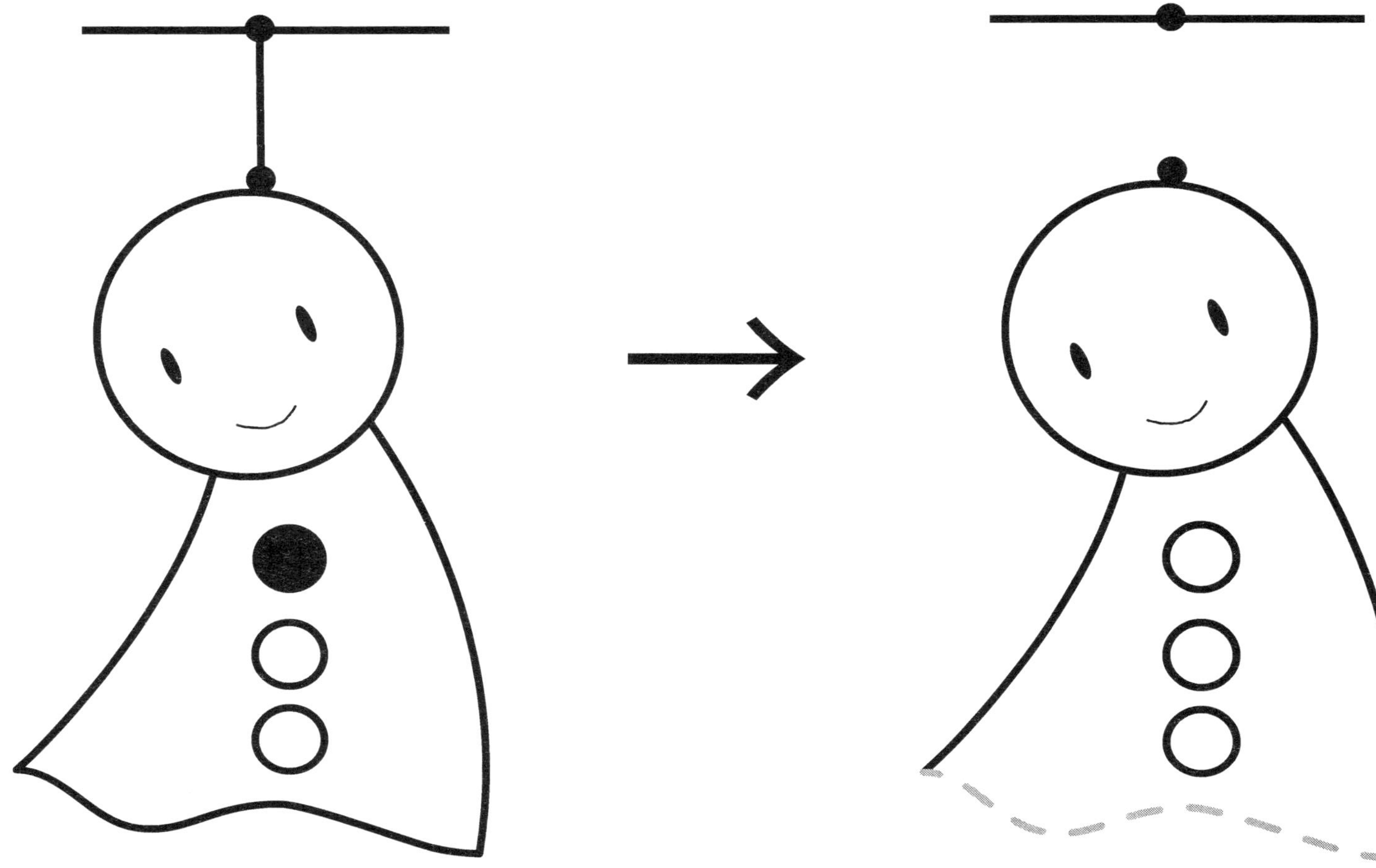

問題5－2

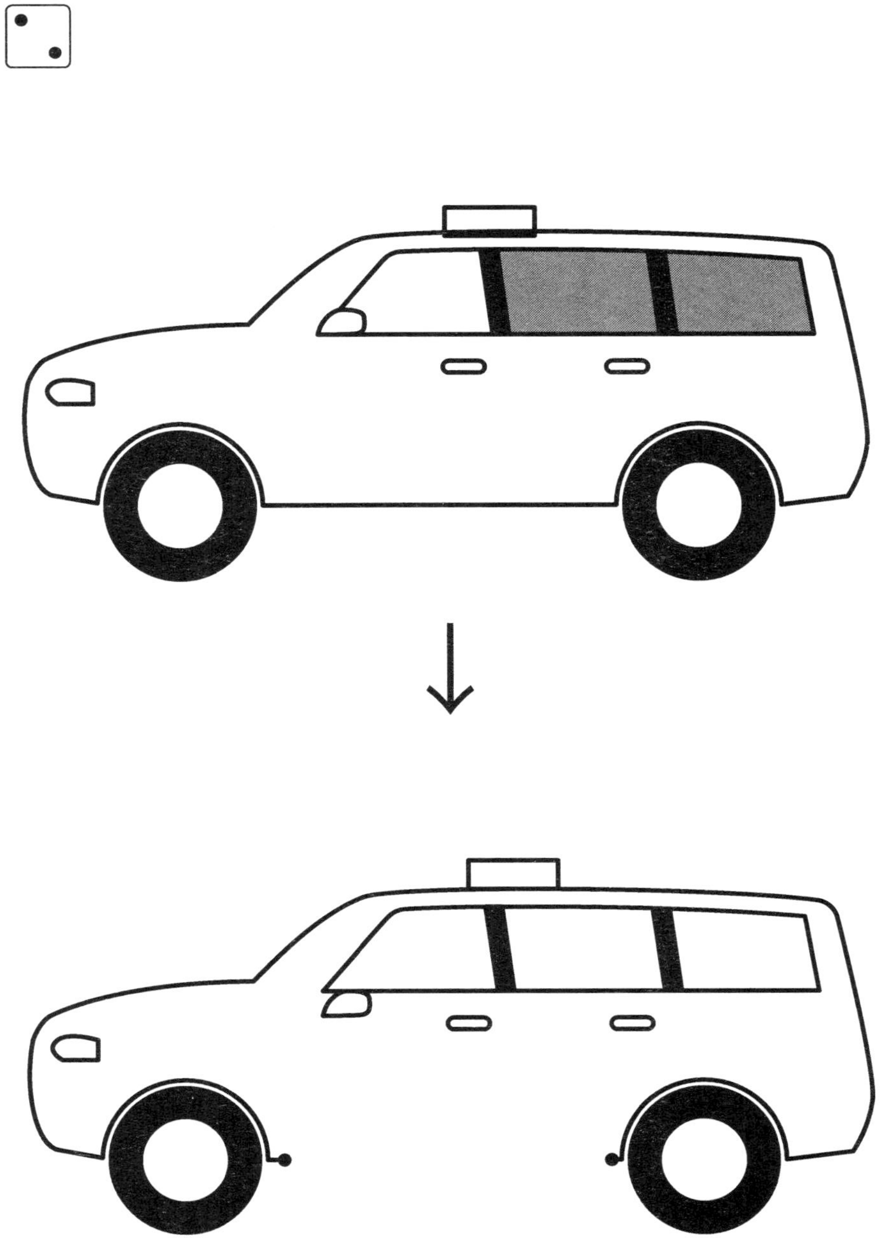

2022 年度 埼玉大学附属 過去 無断複製／転載を禁ずる 日本学習図書株式会社

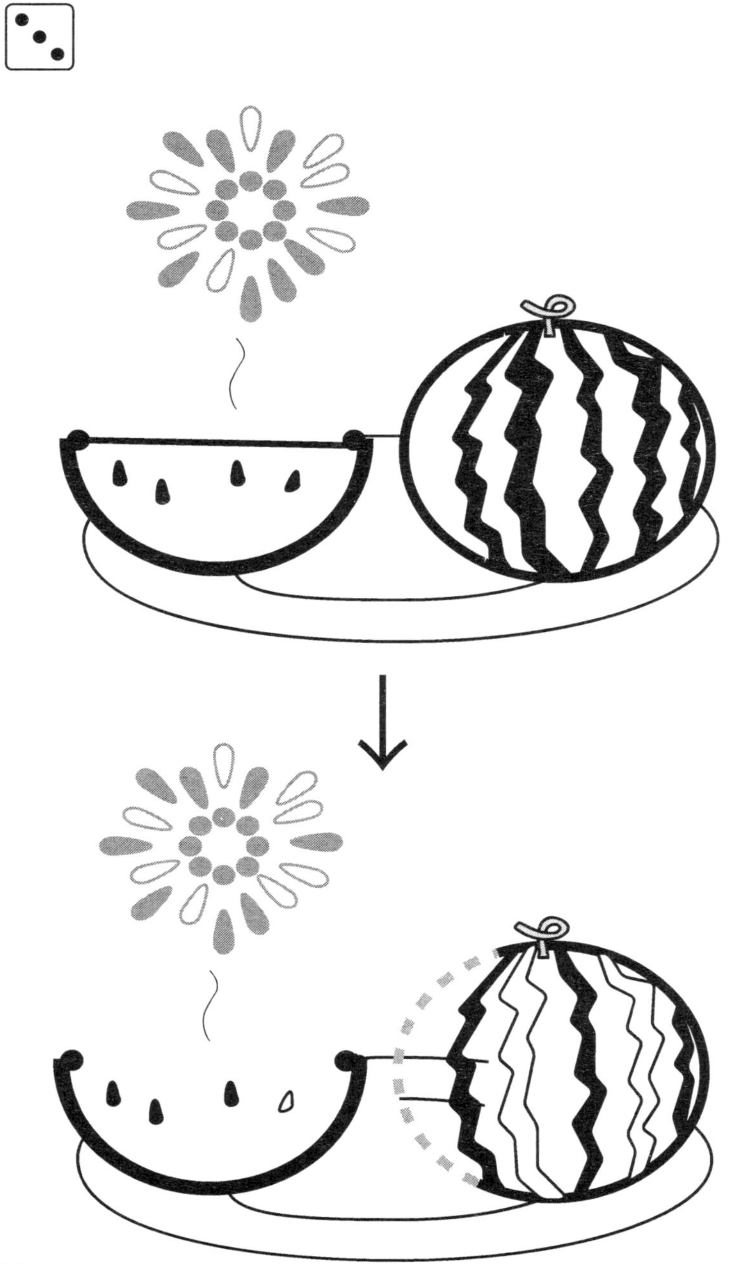

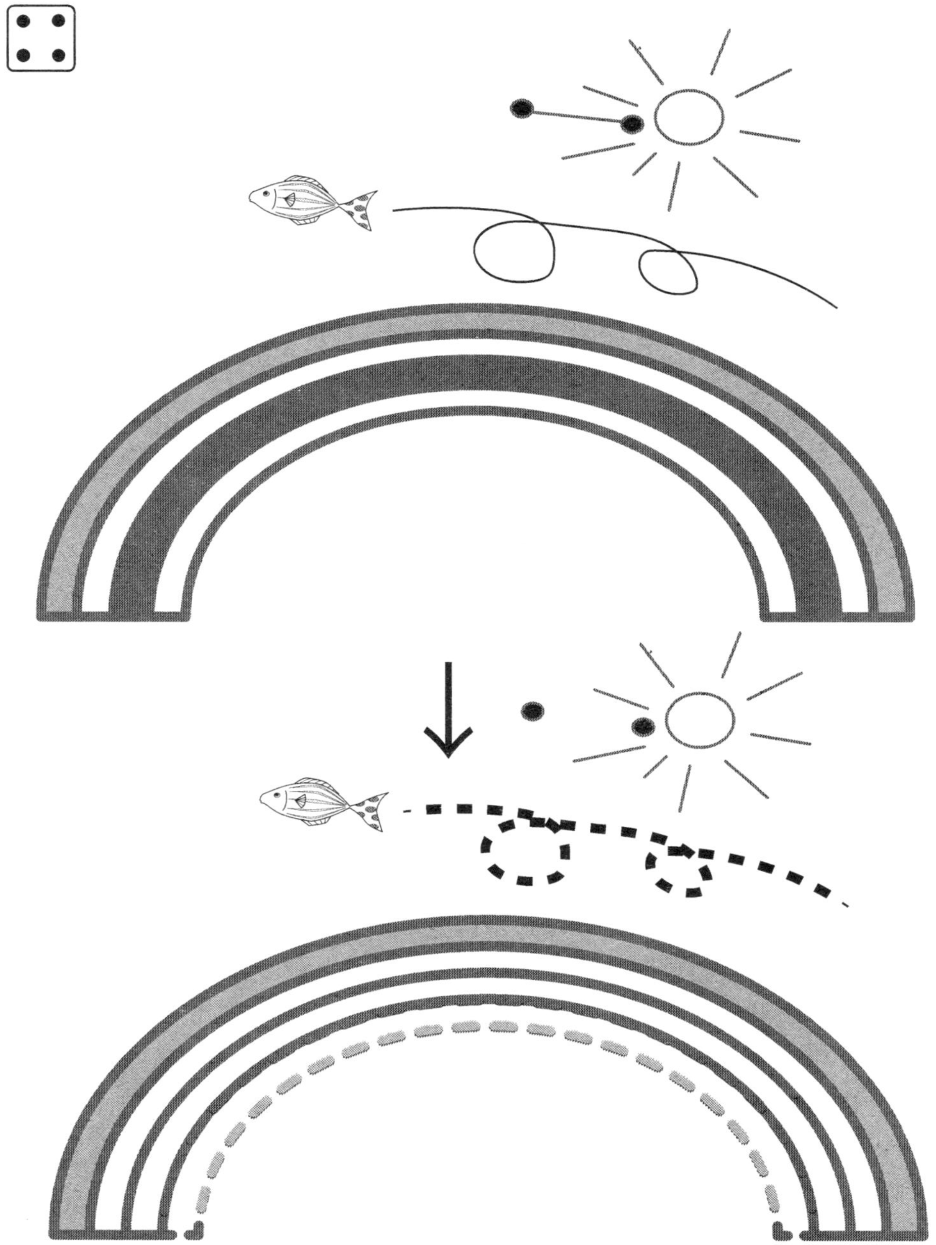

問題6－1

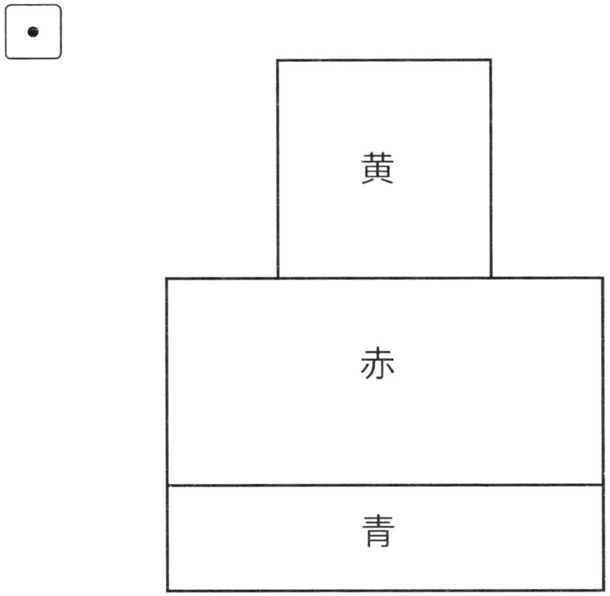

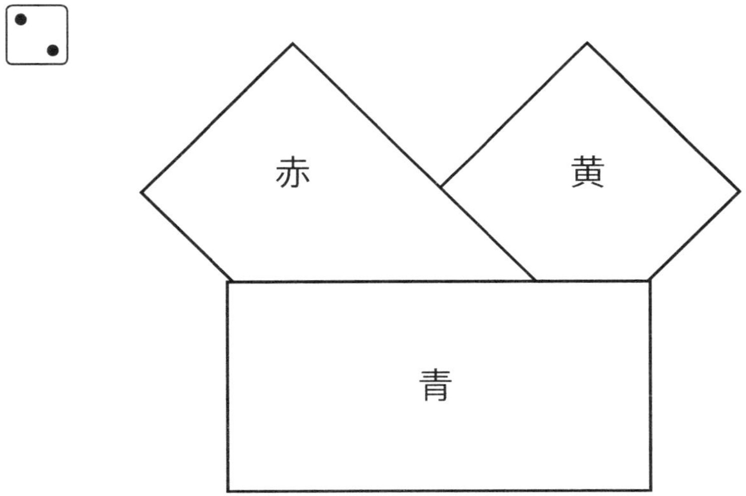

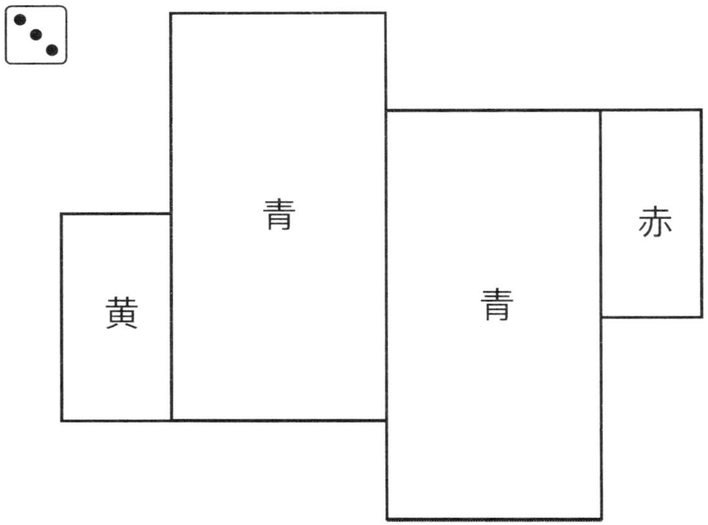

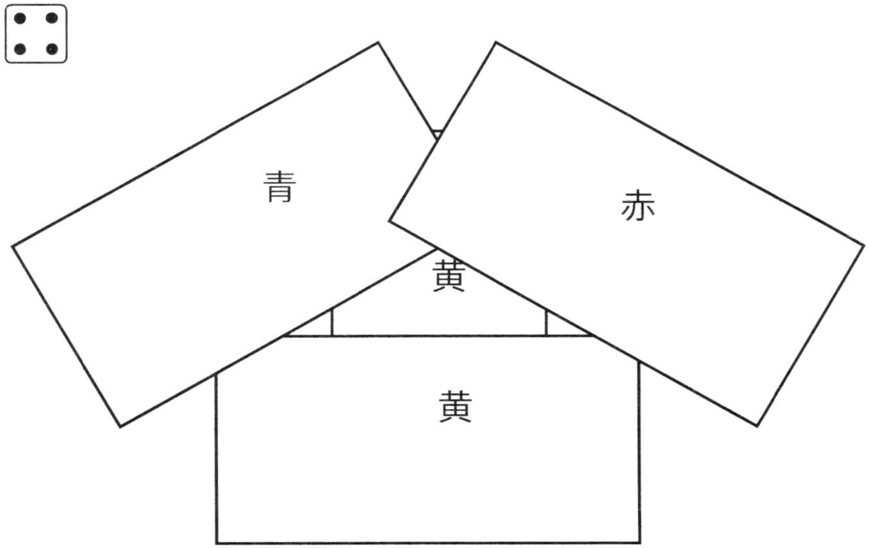

日本学習図書株式会社

問題 6 – 2

2022年度 埼玉大学附属　過去　無断複製／転載を禁ずる

日本学習図書株式会社

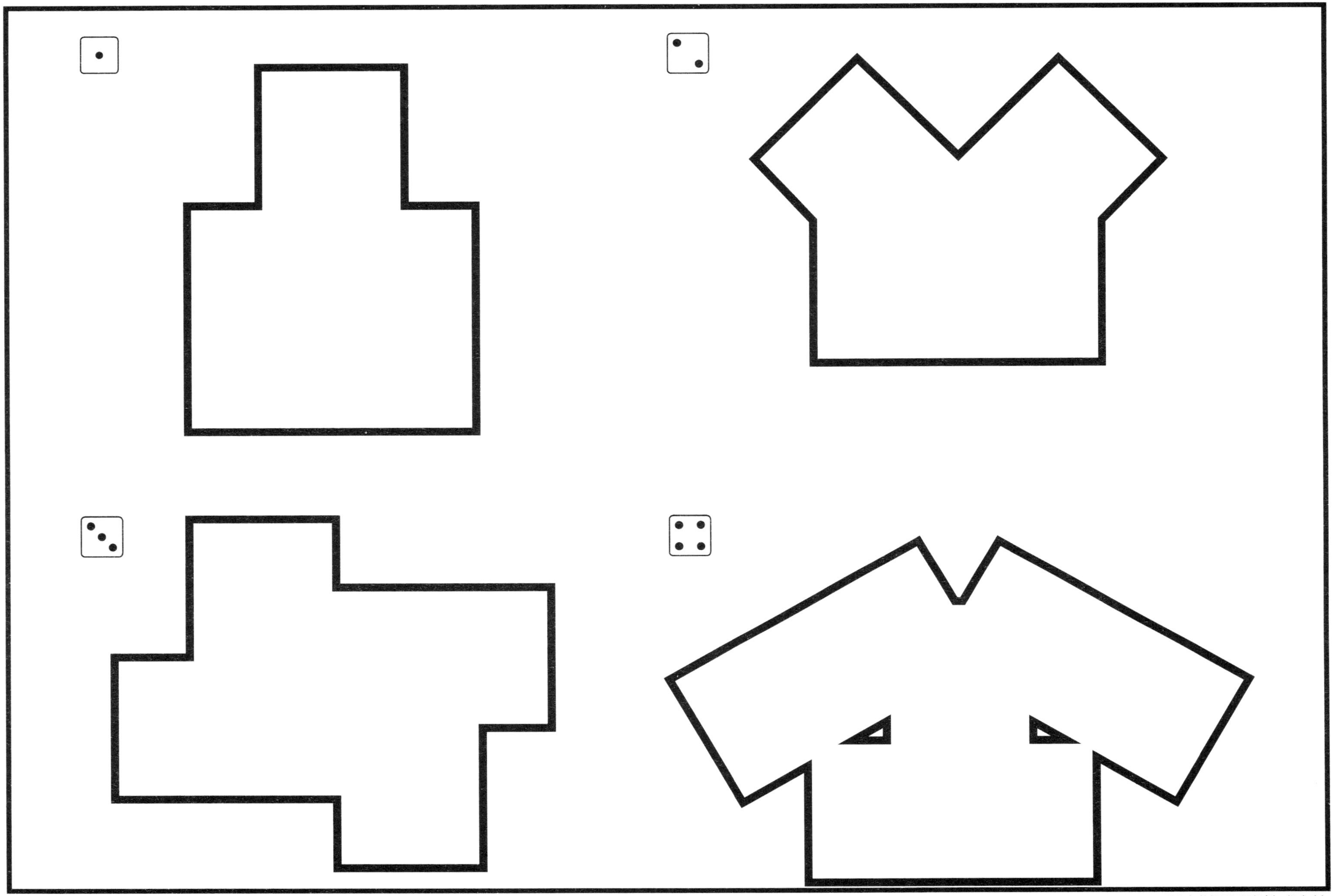

問題6－3

青	青	青	赤	赤	赤	黄	黄	黄
青	青	青	赤	赤	赤	黄	黄	黄
青	青	青	赤	赤	赤	黄	黄	黄

日本学習図書株式会社

問題 7

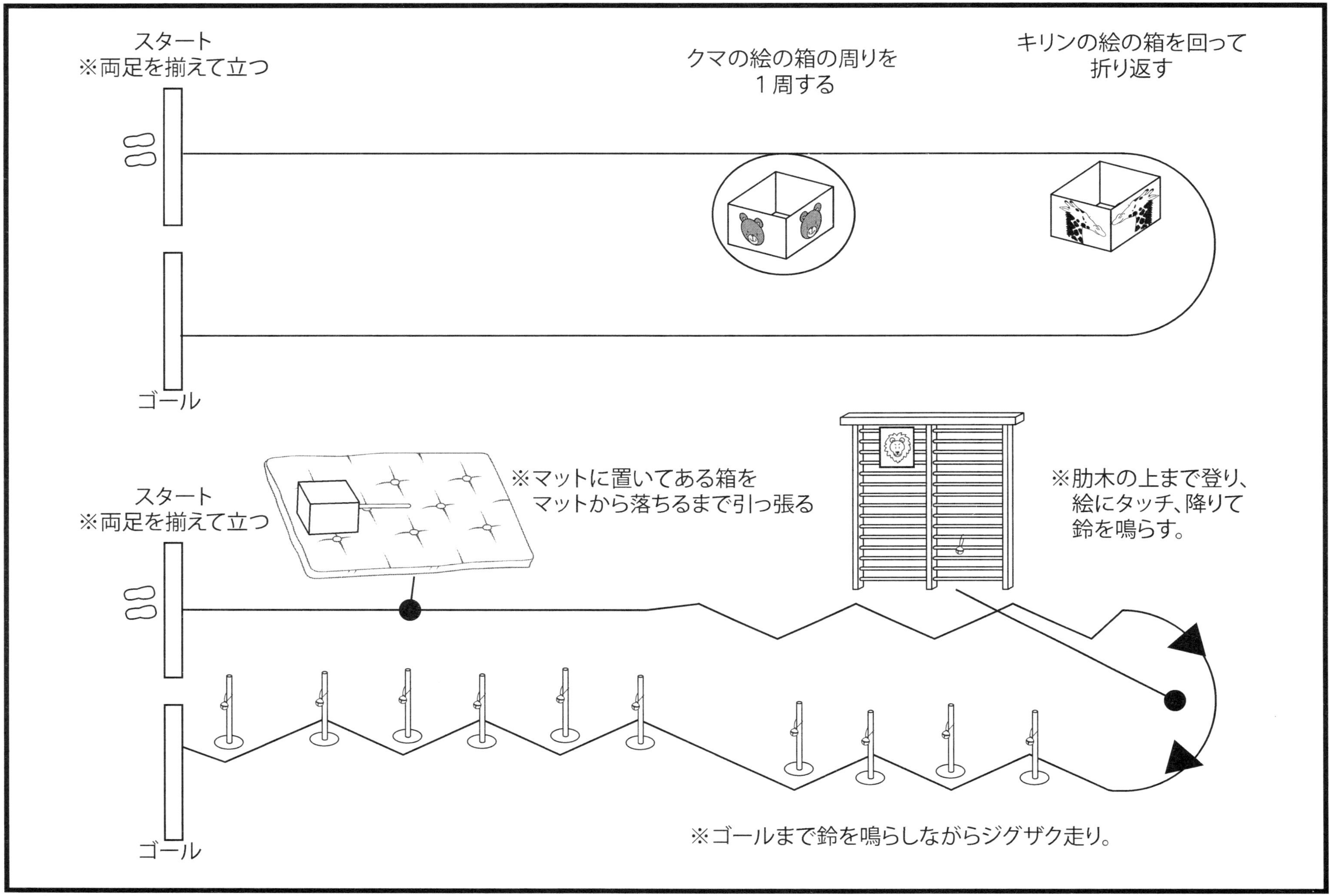
スタート
※両足を揃えて立つ
ゴール
クマの絵の箱の周りを
１周する
キリンの絵の箱を回って
折り返す
スタート
※両足を揃えて立つ
ゴール
※マットに置いてある箱を
マットから落ちるまで引っ張る
※肋木の上まで登り、
絵にタッチ、降りて
鈴を鳴らす。
※ゴールまで鈴を鳴らしながらジグザク走り。

2021年度入試
解答例・学習アドバイス

解答例では、制作・巧緻性・行動観察・運動といった分野の問題の答えは省略しています。こうした問題では、各問のアドバイスを参照し、保護者の方がお子さまの答えを判断してください。

問題１　分野：数量（選んで数える）

〈解 答〉　練習問題　左端　①左から２番目　②左から２番目　③右端　④右から２番目

本文は、同じ絵を見つけて数え、条件にあったものを選ぶ問題です。②～④は、同図形探しの要素が入っています。キノコの模様や靴下の色、カニのハサミの色や口の形などを手がかりに、同じものを見つけて数えましょう。同じものを見つけたらすぐに印をつけ、素早く数えていくことで数え間違いを防げます。当校の問題では、問題用紙に印を書き込むことは禁止されていないようですが、学校によっては、印を書き込めない場合もあります。解答スピードを上げるには、はじめのうちは印を付けながら正確に数える練習をして、試験が近くなったら目で追って数えるようにしてみましょう。早く数えられるようになれば、答えを考える時に数を忘れてしまっても、数え直す余裕ができます。はじめは戸惑うと思いますが、練習を重ねるうちに、間違いが少なくなり、解答時間も短くなります。

【おすすめ問題集】

Ｊｒ・ウォッチャー14「数える」、37「選んで数える」

家庭学習のコツ②　「家庭学習ガイド」はママの味方！

問題演習を始める前に、試験の概要をまとめた「家庭学習ガイド（本書カラーページに掲載）」を読みましょう。「家庭学習ガイド」には、応募者数や試験科目の詳細のほか、学習を進める上で重要な情報が掲載されています。それらの情報で入試の傾向をつかみ、学習の方針を立ててから、対策学習を始めてください。

問題2　分野：図形（図形の合成・パズル）

〈解 答〉　練習問題　右から２番目　①左から２番目　②右端　③左端　④右から２番目

図形の合成の問題は、もとの図形と分割された図形を見比べた時に、もとの図形を分割する線をイメージできるかどうかがカギになります。選択肢の図形を頭の中で移動させ、見本と同じ図形を組み立てる能力を測るテストですから、パッと見て大まかな図形をイメージできるように練習しましょう。頭の中でイメージするのが難しければ、折り紙とハサミを使ってもとの図形を作り、ハサミで切って分割された図形になることを実際に確かめてみることです。分割する線を見つけられるようになったら、分割した図形を先に与え、もとの図形を示して組み立てさせるとよいでしょう。図形を見比べて組み立てられるようになれば、楽しく学べてスピードも上がります。センスと言っても、楽しく練習することで磨ける能力です。実際の試験では正しい図形を選ぶだけなので、最終的には頭の中で図形のイメージを自在に動かしたり重ねたりできるようになればよいのです。慌てずに取り組んでください。

【おすすめ問題集】
Ｊｒ．ウォッチャー３「パズル」、９「合成」、45「図形分割」

問題3　分野：推理（比較）

〈解 答〉　練習問題　右から２番目　①左から２番目　②右端　③左端　④右から２番目

背の高さを比べる絵を見て推理する問題です。複数の条件を組み合わせて推理する力を見ています。床の高さの違いなど、頭の位置以外のところも絵をよく見て考えさせるようにしましょう。また、パッと見た印象で判断するのではなく、正確にものを見て判断する力も測るテストです。何を基準にして判断したかといった理由が必要になります。また、こうした問題はほとんどのお子さまが間違えないので、合格するためには落としたくない問題とも言えます。ケアレスミスを防ぐために慌てずによく見てから印をつけるように指導しましょう。

【おすすめ問題集】
Ｊｒ・ウォッチャー15「比較」、58「比較②」

問題4　分野：図形（鏡図形）

〈解答〉　練習問題　左から２番目　①右から２番目　②真ん中　③左から２番目　④右から２番目

お手本の図形を鏡に写した図形、すなわち左右反転した図形を選ぶ問題です。反転させた図形のイメージ力を測る問題にはさまざまなパターンがありますが、この問題はシンプルに鏡に写った像を選ぶ出題なので、全問解けるようにしたいところです。④のように複数のパーツがまとまって１つの絵になっているものは、それぞれのパーツを反転させた絵をイメージするだけでなく、お互いの位置関係にも注意を払わせましょう。鏡図形は、いろいろな絵や図形を鏡に写してみる遊びを通して楽しく練習できるものです。お子さまの好きなキャラクターの絵や簡単な図形（三角形や傾いた楕円、星形など）を鏡に写して、それをスケッチさせてもいいでしょう。大切なことは、頭の中で絵や図形を反転させた形をイメージできるようになることです。

【おすすめ問題集】

Ｊｒ．ウォッチャー48「鏡図形」

問題5　分野：巧緻性

お手本と同じ絵になるように鉛筆で写す問題です。塗りつぶす、点線をなぞる、点と点を線で結ぶなど、鉛筆で基本的な動作ができる年相応の手の器用さと、お手本と見比べて違いを見つける図形把握の感覚とともに、言われた指示を正しく理解して実行できるかどうか、行動観察の観点からも評価されるテストです。雑に作業してはいけませんが、完璧を目指して指示に遅れるのもよくありません。年齢相応の作業ができていれば大丈夫ですので、塗る位置を間違えていないか、線の結び方は正しくできているかなど、ポイントを押さえて取り組ませるようにしましょう。

【おすすめ問題集】

Ｊｒ・ウォッチャー23「切る・貼る・塗る」、51「運筆①」、52「運筆②」

問題6　分野：巧緻性（貼る）

昨年度の出題は色鉛筆を使う作業との複合問題でしたが、今年度はシール貼りのみのテストでした。お手本と同じように貼るには、シールを重ねる順番が大切です。重なって見えなくなっている部分を想像して、どの色から貼っていくかを決めていきましょう。絵を見て重ね方を理解するだけでなく、それを再現する作業を考える力を見ています。よくある間違いは、上に見えているものから貼っていってしまうことです。いきなり貼らず、まずは台紙の上にシールを重ねてみて順番を決め、それから薄紙をはがして貼っていくようにしましょう。慌てずに手順をよく考える練習にもなります。

【おすすめ問題集】
Ｊｒ・ウォッチャー23「切る・貼る・塗る」

問題7　分野：運動

当校では、例年、サーキット運動が出題されます。このような運動の試験の目的は、年齢相応の運動能力と指示の理解と実行能力を測ることですから、リラックスしてよくお話を聞いてそのとおりにやれば大丈夫です。「かしこく・あかるく・なかよく・たくましく」という教育目標を踏まえて、のびのびと取り組み、多少間違えてもそこであきらめずに最後までやりぬくことを大切にして練習しましょう。待ち時間の間も、周りの子とおしゃべりするのではなく、静かにして先生のお話をよく聞く姿勢を保つことが大切です。肋木のようにはじめて見る運動用具があっても、進んで取り組む意欲を見せましょう。

【おすすめ問題集】Ｊｒ．ウォッチャー28「運動」

家庭学習のコツ③　効果的な学習方法～問題集を通読する

過去問題集を始めるにあたり、いきなり問題に取り組んではいませんか？　それでは本書を有効活用しているとは言えません。まず、保護者の方が、すべてを一通り読み、当校の傾向、ポイント、問題のアドバイスを頭に入れてください。そうすることにより、保護者の方の指導力がアップします。また、日常生活のさまざまなことから、保護者の方自身が「作問」することができるようになっていきます。

問題8　面接（親子面接）

面接の形式は例年通り、面接官２名に対して保護者１名と受検者本人の2名で臨みます。内容は基本的なものから始まり、主に家族やはじめて会うお友だちとのコミュニケーションの力を多角的に見る質問でした。特に、お友だちと考えが違ったときや、学校のトラブルで登校したくないとお子さまが言ったときなど、実際に日常の中で起きる可能性のある摩擦を想定し、具体的にどのように行動するかを聞かれています。トラブルが起きた時に、クレームではなく連携して解決に向かおうとする姿勢、お子さまを含めて相手の話をよく聞こうとする姿勢が伝わればいいでしょう。親子で相談する質問では、日頃の会話と同じように話し合うことが失敗しないコツです。日頃からお子さまと話し合う機会を作るようにしましょう。

【おすすめ問題集】

新　口頭試問・個別テスト問題集、面接テスト問題集、面接最強マニュアル

家庭学習のコツ④　効果的な学習方法～お子さまの今の実力を知る

１年分の問題を解き終えた後、「家庭学習ガイド」に掲載されているレーダーチャートを参考に、目標への到達度をはかってみましょう。また、あわせてお子さまの得意・不得意の見きわめも行ってください。苦手な分野の対策にあたっては、お子さまに無理をさせず、理解度に合わせて学習するとよいでしょう。

埼玉大学教育学部附属小学校　専用注文書

年　　月　　日

合格のための問題集ベスト・セレクション

＊入試頻出分野ベスト３

1st 図　形	**2nd** 常　識	**3rd** 制　作
観察力　思考力	知　識	聞く力　集　中

受験者数が２割ほど増えたため、基礎学力を観る１次試験の合格のボーダーラインもより高く、ミスのできない入試になっています。面接以外の場面でもコミュニケーション力が必要です。

分野	書　名	価格(税込)	注文	分野	書　名	価格(税込)	注文
図形	Ｊｒ・ウォッチャー３「パズル」	1,650円	冊	図形	Ｊｒ・ウォッチャー45「図形分割」	1,650円	冊
図形	Ｊｒ・ウォッチャー４「同図形探し」	1,650円	冊	図形	Ｊｒ・ウォッチャー46「回転図形」	1,650円	冊
図形	Ｊｒ・ウォッチャー８「対称」	1,650円	冊	図形	Ｊｒ・ウォッチャー48「鏡図形」	1,650円	冊
図形	Ｊｒ・ウォッチャー９「合成」	1,650円	冊	巧緻性	Ｊｒ・ウォッチャー51「運筆①」	1,650円	冊
常識	Ｊｒ・ウォッチャー11「いろいろな仲間」	1,650円	冊	巧緻性	Ｊｒ・ウォッチャー52「運筆②」	1,650円	冊
推理	Ｊｒ・ウォッチャー13「時間の流れ」	1,650円	冊	図形	Ｊｒ・ウォッチャー54「図形の構成」	1,650円	冊
数量	Ｊｒ・ウォッチャー14「数える」	1,650円	冊	常識	Ｊｒ・ウォッチャー55「理科②」	1,650円	冊
巧緻性	Ｊｒ・ウォッチャー23「切る・貼る・塗る」	1,650円	冊		実践 ゆびさきトレーニング①②③	2,750円	各　冊
常識	Ｊｒ・ウォッチャー27「理科」	1,650円	冊		面接テスト問題集	2,200円	冊
運動	Ｊｒ・ウォッチャー28「運動」	1,650円	冊		面接最強マニュアル	2,200円	冊
行動観察	Ｊｒ・ウォッチャー29「行動観察」	1,650円	冊		１話５分の読み聞かせお話集①②	1,980円	各　冊
常識	Ｊｒ・ウォッチャー34「季節」	1,650円	冊		新 個別テスト・口頭試問問題集	2,750円	冊
図形	Ｊｒ・ウォッチャー35「重ね図形」	1,650円	冊				
数量	Ｊｒ・ウォッチャー37「選んで数える」	1,650円	冊				

合計	冊	円

（フリガナ） 氏　名	電　話 ＦＡＸ E-mail
住 所　〒　　　－	以前にご注文されたことはございますか。 有　・　無

★お近くの書店、または記載の電話・FAX・ホームページにてご注文をお受けしております。
電話：03-5261-8951　FAX：03-5261-8953　代金は書籍合計金額＋送料がかかります。
※なお、落丁・乱丁以外の理由による商品の返品・交換には応じかねます。

★ご記入頂いた個人に関する情報は、当社にて厳重に管理致します。なお、ご購入の商品発送の他に、当社発行の書籍案内、書籍に関する調査に使用させて頂く場合がございますので、予めご了承ください。

日本学習図書株式会社
http://www.nichigaku.jp

2020年度以前の過去問題

問題9　分野：図形（回転図形・同図形探し）

〈準 備〉　鉛筆

〈問 題〉　それぞれの段の左の絵と同じものを、右から選んで○をつけてください。

〈時 間〉　1分

〈解 答〉　①右から2番目　②左から2番目　③左端　④右端

［2020年度出題］

学習のポイント

同図形探しの問題ですが、特徴は選択肢に見本の形が回転している図形が含まれていることです。「回転しているものもあるので見逃さないように」といったことをいちいち言ってくれないので注意しましょう。実際には図形が回転したり、鏡に映すとどのようになるかをイメージして、そのイメージと違う選択肢を消していくという解き方になります。図形全体を見るのではなく、特徴的な部分、自分の判断しやすい部分を瞬間的に判断しましょう。当校の入試は比較的解答時間に余裕がありますが、それでも問題の絵を実際に回転させたりしている時間はありません。時間内に答えられる程度には、図形分野の問題の出題に慣れ、解答するための勘が働くようにしておくべきです。

【おすすめ問題集】

Ｊｒ・ウォッチャー4「同図形探し」、46「回転図形」

問題10　分野：図形（鏡図形）

〈準 備〉　鉛筆

〈問 題〉　1番左側の絵を見てください。この絵を鏡に写すと、どのように見えますか。それぞれの段の右側から選んで○をつけてください。

〈時 間〉　各20秒

〈解 答〉　①右端　②左から2番目　③右から2番目　④右端

［2020年度出題］

学習のポイント

前問でも触れましたが、図形問題は正解をイメージして、選択肢と照合するというのが基本の解き方です。本当に理解しているか、年齢なりに作業ができるか、といったことを確かめるために、〇△□といった記号を書かせるものもありますが、主な観点は図形についての知識の有無、図形が変化した時のイメージを描けるか、ということでしょう。こうした能力は持って生まれたものではなく、経験によって養われるものですから、たとえ初見でできなくとも悲観する必要はありません。例えば、鏡図形の問題に答える上で必要な知識は「鏡に映すと左右が反転する」ということだけです。こういった問題を一度解けばたいていのお子さまはそのことを知ります。類題をこなしていけば自然と判断も正確になっていくでしょう。図形分野の問題は思考力を鍛えるというよりは、経験によって得られるものが多い分野なのです。

【おすすめ問題集】

Ｊｒ・ウォッチャー４「同図形探し」、48「鏡図形」

問題11　分野：図形（図形の合成）

〈準 備〉　鉛筆

〈問 題〉　左側の見本の形を作るには右側の形のどれを使いますか。
正しい組み合わせの四角に○をつけてください。ただし、図形は重ねてはいけません。

〈時 間〉　各45秒

〈解 答〉　①右から２番目　②左から２番目

[2020年度出題]

学習のポイント

当校の入試問題では図形分野の出題が多くなっています。これは図形分野の問題に答えるには、ある程度事前の学習が必要であり、結果から志願者の入試に対する本気度が測れるからでしょう。「試しに受けてみよう」などと考えている家庭の志願者をこの問題でブロックするのです。ここでは図形の合成について出題されています。右に書いてある図形を組み合わせて左の見本の形を作る、合成するという問題ですが、直感的に答えられるのが望ましい基礎レベルの問題です。スムーズに答えらないのなら、センスがない、頭が悪い、ということではなくて経験が足りないのです。できるだけ単純な図形のパズル、ブロックのような知育玩具を使って、経験を積みましょう。その経験が図形に対する感覚を養い、知識を深めます。

【おすすめ問題集】

Ｊｒ・ウォッチャー３「パズル」、９「合成」、45「図形分割」、
54「図形の構成」

問題12　分野：常識（時間の流れ）

〈準 備〉　鉛筆

〈問 題〉　それぞれの段に、４枚の絵がバラバラに並んでいます。これらの絵を順番通りに並べた時、２番目になる絵に○を、４番目になる絵に△をつけてください。

〈時 間〉　各30秒

〈解 答〉　①○：左端　△：右から２番目
②○：右端　△：左端
③○：左端　△：右から２番目
④○：右から２番目　△：右端

［2020年度出題］

学習のポイント

時間の流れを考える問題は常識の有無を観点とする問題です。お話づくりのような想像力が必要な問題ではありません。例えば植物の成長過程についての問題であれば、理科的な常識について聞いているのであって、お子さまの個性豊かな発想を期待しているものではない、ということです。また、問題集に載っているような常識問題を解いたからといって、身に付かない知識が含まれていることにも注意してください。②はミカンの皮を剥く様子を時間の流れに沿ってイラストで表したものですが、これを知識として出題する問題はなかなか見かけないでしょう。いわば常識以前の知識について聞いているのです。こうしたものはお勉強するものではなく、日々のくらしの中で自然に学ぶものです。保護者の方は、お手伝いでも、遊びでもかまいません。お子さまに「経験させる」ことを意識してください。付け焼き刃の暗記学習よりは知識が身に付きます。

【おすすめ問題集】
Ｊｒ・ウォッチャー13「時間の流れ」

問題13　分野：巧緻性（塗り絵）

〈準 備〉　鉛筆

〈問 題〉　（問題13－１、13－２の絵を渡して）
上の段を見てください。上の四角に描いてある絵と同じ絵になるように下の絵を鉛筆で塗ります。絵を塗る場所の数は、同じ段の左上に描いてあるサイコロの数です。点線になっているところは線を引いてください。

〈時 間〉　５分

〈解 答〉　省略

［2020年度出題］

学習のポイント

巧緻性の課題です。筆記用具の正しい持ち方もチェックされているかもしません。それぞれに複雑な形の上に細かな部分もあるので、慎重かつ確実に作業を進めてください。当校の課題としてはあまり時間がない課題ですから、ある程度の速さも必要です。「塗る」という作業に慣れておきましょう。枠を塗ってから形の内側に向かって塗っていけばむらなく塗ることができますが、こういったコツは説明するよりも手本を見せたり、実際に作業した方が早く身に付きます。保護者の方は、こうした課題を行う時ではなく、日常で作業を行う時にそういうコツを教えるようにしましょう。教える時には一度にさまざまなことを言うのではなく、1つずつ、しかも具体的に実際の作業を見せながらの方がお子さまの覚えもよくなります。

【おすすめ問題集】

Ｊｒ・ウォッチャー４「同図形探し」、23「切る・貼る・塗る」、51「運筆①」、52「運筆②」

問題14　分野：運動

〈準備〉　コーン（２本。キリンとクマの絵を上部に貼る）、マット、ガムテープ（適宜）

〈問題〉　**この問題は絵を参考にしてください。**

（この問題は20人程度のグループで行う。あらかじめ、準備した道具を、問題14の絵を参考にして配置する）

これから、さまざまな運動をします。まず、私（出題者）がお手本を見せますから、同じようにスタートからゴールまで進んでください。待っている間と、運動が終わった後は、体育座り（三角座り）で待っていてください。

◆課題１

①手のマークがついているところに両手を合わせ、線の引いてあるところまでクマ歩きをする。クマの絵の付いたコーンを回って、スタートした場所まで走って戻る。

②肋木のあるところまで走り、肋木に登る。肋木の上にライオンの絵にタッチしてから降りる（落ちないようにと実施前に指示される）。

③両足を揃え、ジャンプしながらスタートした場所に向かう。

◆課題２

①（ガムテープの線の端に足を置き）ガムテープの線を踏み外さないように走り、クマの絵の付いたコーンの周りを走る。

②そのままキリンの付いたコーンまで走り、コーンでＵターンしてスタート地点に戻る。

〈時間〉　20分程度（待機時間などを含む）

〈解答〉　省略

［2020年度出題］

学習のポイント

細部は異なりますが、例年このようなサーキット運動が課題として出題されています。指示の理解と実行が観点ですから、年齢相応の動きができるのなら特に対策の必要はありません。「お話をよく聞いてその通りにやりさなさい」というアドバイスを直前にすれば、たいていのお子さまは問題なく行えるでしょう。運動自体も訓練が必要なものはありません。指示は、ここを回る、線からはみ出さないなどと細かいのですが、その分自ら考えるところは少ないとも言えます（待機時の姿勢まで指示されます）。気を使わなくてもよいのですから、落ち着いて行えばよいのです。ちなみに体育館などでは見かけなくなった肋木（危険だからだそうです）が課題の１つに登場しています。はじめてでもその使い方はわかると思いますが、不安があるようなら一度遊んでみておいてください。

【おすすめ問題集】

新 運動テスト問題集、Ｊｒ・ウォッチャー28「運動」

問題15　分野：行動観察

〈準 備〉　スポンジブロック（適宜）、スポンジを入れておく箱

〈問 題〉　**この問題は絵を参考にしてください。**

※この問題は８人のグループで行う。

◆全身じゃんけん

みんなで全身じゃんけんをしましょう。

①パーは両手と両足を大きく広げてください。グーはしゃがんで両手を縮めてください。チョキは両手と両足を前と後ろに出してください。（出題者がお手本を見せながら解説）

②じゃんけんは２人１組でします。勝ち負けが決まったら別のお友だちとじゃんけんをしてください。できるだけ多くのお友だちとじゃんけんをしてください。

③全員とじゃんけんしたら、私たち（出題者）とじゃんけんをしてください。

◆スポンジブロック積み上げ

（４人のチームで２組に分かれる。絵のようにスポンジブロックを積み上げる）

スポンジをできるだけ高く積んでください。１度に１個しか積んではいけません。１人ずつしか積んではいけません。

①「スタート」の声とともに１回目。３分程度行った後に「やめてください」と言われ、終了。

②「作戦タイムを取るので、お友だちとどのように積むのかを相談してください」と言われ、１分程度のインターバルを取る。

③「スタート」の声とともに２回目。３分程度行った後に「やめてください」と言われ、終了。

〈時 間〉　適宜

〈解 答〉　省略

［2020年度出題］

学習のポイント

「全身じゃんけん」は指示行動、「スポンジブロックの積み上げ」はグループでの行動観察です。指示行動については、指示の理解と実行が観点ですから、よく聞いてそのとおりに行動できれば悪い評価は受けません。変わったこともしない方がよいでしょう。一方グループでの行動観察は、指示が少ない上に競争ですから、積極性が観点の１つになっています。自分で提案する、率先して行動するといった形でイニシアチブを取ってもよいですし、人の提案を聞く、その提案を実行するという形で協調性を表現してもよいでしょう。国立小学校の入試ですから、悪目立ちをしないことを考えて行動してください。「扱いが難しい」「自己顕示欲が強い」「年齢相応のコミュニケーション力がない」といった評価を受けなければよいのです。

【おすすめ問題集】
　Ｊｒ・ウォッチャー29「行動観察」

問題16　分野：制作・巧緻性

〈準備〉　ハート型のシール（赤色、３枚）、星型のシール（黄色、1枚）、円形のシール（赤２枚、黒２枚）、色鉛筆
※問題16の太線の中（上の四角）を指定の色で塗っておく。

〈問題〉　（問題16の絵とシールを渡す）
上の絵と同じになるようにシールを貼ってください。点線のところは線をはみ出さないように鉛筆で線を引き、形の中を好きな色で塗ってください。

〈時間〉　10分

〈解答〉　省略

［2020年度出題］

学習のポイント

前回までは「折り紙を台紙に貼る」という課題でしたが、今回は「指定通りにシールを貼る」という課題に変わりました。出来上がりの見た目は複雑には見えますが、作業自体はシールを貼るのがほとんどなので、難しいものではありません。作業時間にも比較的余裕があるのではないでしょうか。こうした課題では、結果に差が出ないので、正確にミスなく作業を行うようにしてください。指定されたものと違うシール貼ったりすると、指示を理解できない、年齢相応の理解ができないと評価されかねません。また、慎重に作業を進めても、制限時間は守りましょう。充分時間を与えているのに間に合わなかった、という評価を受けるのも避けたいところです。国立小学校の入試では特にですが、実際に授業を行ったら、その志願者は問題なくついていけるのかという視点で評価されます。お子さまはともかく、保護者の方はそのことを承知して指導にあたってください。

【おすすめ問題集】
実践 ゆびさきトレーニング①②③、23「切る・貼る・塗る」

問題17 分野：面接（親子面接）

〈準 備〉 なし

〈問 題〉 **この問題の絵はありません。**

【保護者の方へ】
・当校の教育目標は「かしこく」「あかるく」「なかよく」「たくましく」ですが、このうち、「かしこく」とはどのようなお子さまの様子を表すとお考えですか。また、そうなるように指導されていることはありますか。
・保護者間でトラブルがあった場合、どのように対処されますか。また、トラブルによって起こる弊害は何だとお考えですか。

【志願者へ】
・お名前を教えてください。
・お隣に座っている人は誰ですか。
・仲のよいお友だちの名前を１人教えてください。
・お友だちと鬼ごっこをしていると１人のお友だちが泣いていました。どうして泣いていると思いますか。
・お母さんとスーパーに買物に行きました。あなたは何に気を付けますか。

【親子対話】
・（保護者へ）保護者の方から、お子さまが「１番保護者の方にお願いしたいことは何か」を聞いてください。聞いた後、会話を続けてください。

〈時 間〉 10分

〈解 答〉 省略

［2020年度出題］

学習のポイント

面接は２人の面接官が保護者の方と志願者に質問する形式で行われました。内容は基本的なものですが、保護者の方と志願者との間でコミュニケーションがうまく取れているかについては、さまざまな切り口で聞かれるようです。取り繕って答えようとするとかえって矛盾が出てしまいますから、問題がないと判断できることは、事実をありのまま話すようにしてください。今回の面接では、「保護者間のトラブル」といったかなり具体的な質問がありました。これらの質問の意図は、保護者の方の人となりを評価すると言うよりは「これからともに教育を行っていける保護者かどうか」「（学校と）お子さまの情報を共有できるか」を確認しようということです。何かトラブルになった時、それを騒ぎ立てたり、クレームをつけるような人間ではない、ということさえ伝えられれば充分でしょう。なお、面接の途中、親と子が１つのテーマについて話し合うという場面を設けられます。こちらも、取り繕うことなく、いつも通りの会話をした方が無難です。

【おすすめ問題集】
新 口頭試問・個別テスト問題集、面接テスト問題集、面接最強マニュアル

問題18　分野：図形（同図形探し）

〈準 備〉　鉛筆

〈問 題〉　それぞれの段の左の絵と同じものを、右から選んで○をつけてください。

〈時 間〉　1分

〈解 答〉　①右端　②右から２番目　③左から２番目　④右端

［2019年度出題］

学習のポイント

同図形探しの問題は、見本の図形を観察し、その特徴が見抜ければすぐに解答できる問題でしょう。図形の特徴というと難しく聞こえますが、全体の形（円、～角形といったこと）を把握したら、その次に目に入ってくるその図形の角の角度・辺の長さ・色といったもののことです。こうした「特徴」は、図形問題を数多くこなせば自然とわかってくるものですが、学習を始めたばかりの段階では、ピンとこなくて当然です。そこで、図形分野の問題に取り組み始めたばかりのお子さまには、同図形問題の見本の形を言葉で表してもらいましょう。この問題の②なら、「うちわの絵の中に金魚が描いてある」といった簡単な説明でかまいません。言葉にできるということは、図形を観察しているということであり、図形をイメージすることにもつながるからです。

【おすすめ問題集】
　Ｊｒ・ウォッチャー４「同図形探し」

問題19　分野：数量（選んで数える）

〈準 備〉　鉛筆

〈問 題〉　それぞれの段で、左端に描いてあるものの数が２番目に多いものはどれでしょうか。右から四角の中から選んで○をつけてください。

〈時 間〉　３分

〈解 答〉　①左から２番目　②右から２番目　③右端　④右から２番目

［2019年度出題］

学習のポイント

「数に対する感覚」を観点にした問題です。「数に対する感覚」とはひと目で２つの集合の要素の多少ががわかったり、10以下の数であれば、指折り数えることなくいくつのものかがわかる、といった感覚のことです。これは、特別な訓練が必要なものではなく日常生活で自然と身に付くものです。そういった数の感覚が身に付いていれば、「２番目に多いものを選ぶ」というこの問題もスムーズに答えられるでしょう。なお、ケアレスミスをしないように、数えたものに「☑」を付けたり、指で押さえながら問題に答えるのはかまいませんが、手間を欠けすぎると解答時間が足りなくなってしまい、逆に慌てることになりかねません。「直感で２番目に多いものがわかる→答える→数を数えながら答えを確かめる」という手順で解答することが理想的ですが、最初の段階では具体物を使って確認しながらでもかまいません。正確に数えることを心がけましょう。

【おすすめ問題集】

Ｊｒ・ウォッチャー４「同図形探し」、14「数える」、37「選んで数える」

問題20　分野：常識（仲間探し）

〈準　備〉　鉛筆

〈問　題〉　１番左側の絵を見てください。この絵と同じ仲間になる絵を、それぞれの段の右側から選んで○をつけてください。

〈時　間〉　各20秒

〈解答例〉　①右端（カッパ：雨具）
②右から２番目（かしわもち：春の季節のもの・端午の節句）
③右端（カキ：木になる実・秋）
④左端（木琴：音階のある楽器）
※解答例以外の答えでも、納得のできる理由があれば正解としてください。

［2019年度出題］

学習のポイント

「仲間探し」は本来難しい問題です。まず、見本の絵が表しているもの１つ、選択肢が表している４つのものの性質、用途などの知識があることが前提になります。そして、出題者の意図を考え、どのように仲間分けをしているか推測し、解答に矛盾がないかどうかを確認するというプロセスを経て、はじめて答えられる問題だからです。もちろん、年齢相応の知識、つまり５・６歳児の常識の範囲から出題されるのですが、あくまで「出題者が考える志願者の常識」なので、お子さまによっては知らないものも当然あります。例えば、けん玉やヨーヨーといった、最近の子どもたちがあまり遊ばなくなったおもちゃ、最近使われることが少ないコタツなどの生活用品、稲刈りなど都市部ではあまり見られなくなった季節の風物詩にはわからない、知らないというものも多いのではないでしょうか。そうしたものは映像でも本でもかまいません、とにかく実物を見せてください。そうすれば少なくとも「仲間探し」には答えられるようになります。

【おすすめ問題集】
Ｊｒ・ウォッチャー11「いろいろな仲間」、27「理科」、34「季節」、
55「理科②」

問題21　分野：図形（図形の合成）

〈準　備〉　鉛筆

〈問　題〉　左側の見本の形を作るには右側の形のどれを使いますか。
正しい組み合わせの四角に○をつけてください。

〈時　間〉　各45秒

〈解　答〉　①右から２番目　②左から２番目　③左から２番目　④右から２番目

［2019年度出題］

学習のポイント

小学校受験では、「図形を頭の中で、回転させたり、ひっくり返しする」といったことを「図形を操作する」と言います。図形の合成や回転、鏡図形といった問題には必要なプロセスの１つですが、ほとんどのお子さまにとって、いきなりできることではありません。まずは問題のイラストの図形を切り抜き、実際に動かしてみましょう。図形を操作することだけでなく、図形に関する様々な知識、例えば、正三角形を２つまたは４つ組み合わせると正方形になるといったことが頭に自然と入ってきます。問題のイラストを切り抜くのが面倒なら、タングラムなど、市販の知育教材を使ってみるのもよいでしょう。基礎からかなりレベルの高いものまでさまざまありますから、お子さまのレベルに合ったものを選べます。なお、この問題は図形問題としては基礎的な問題です。この程度の問題なら、直感的に答えられるように図形問題に慣れておきましょう。

【おすすめ問題集】
Ｊｒ・ウォッチャー３「パズル」、９「合成」、45「図形分割」、
54「図形の構成」

問題22　分野：巧緻性（塗り絵）

〈準 備〉　鉛筆

〈問 題〉　（問題22-１の絵を渡して）
上の段を見てください。右の四角に描いてある絵と同じ絵になるように左の絵を鉛筆で塗ります。絵を塗る場所の数は、同じ段の左上に描いてあるサイコロの数です。
（問題22-２の絵を渡して）
２枚目の紙も同じように塗ってください。

〈時 間〉　２分

〈解 答〉　省略

［2019年度出題］

学習のポイント

鉛筆で塗りますが、消しゴムは用意されていないので雑になってはいけません。はみ出さないようにフチに線を引いてから塗ることや、広い箇所、狭い箇所を塗る時の鉛筆の角度など、気を付けなければいけないところはたくさんあります。ただし、「お手本通りに」「塗る場所の数は…」という指示を守っていれば、仕上がりにはそれほど気を使わなくてもよいでしょう。小学校受験では行動観察の意味合いが大きい課題、例えば、この問題のような巧緻性に関する課題では、結果を評価することはほとんどありません。どちらかと言えば、さまざまな文具や道具の使い方について年齢相応のものが身に付いているかどうかに注意を向けましょう。

【おすすめ問題集】
Ｊｒ・ウォッチャー４「同図形探し」、23「切る・貼る・塗る」、51「運筆①」、52「運筆②」

問題23 分野：運動

〈準備〉 段ボール（3個。1個には黄色のビニールテープを貼り、ほかの2個にはクマとウサギの絵を描く）、マット（適宜）、跳び箱（適宜）、白・黄色のビニールテープ、カード（適宜）

〈問題〉 **この問題は絵を参考にしてください。**
（この問題は20人程度のグループで行う。あらかじめ、準備した道具を、問題23の絵を参考にして配置する）
これから、さまざまな運動をします。まず、私（出題者）がお手本を見せますから、同じようにスタートからゴールまで進んでください。待っている間と、運動が終わった後は、体育座り（三角座り）で待っていてください。

◆課題1
①（マットの上の白い線に足を置き）クマが描かれた段ボールの周りを走って1周する（ゴールに戻る）。
②（マットの上の白い線に足を置き）ウサギが描かれたダンボールの周りを全力で走り、次に黄色のテープが貼られた箱を回り込みゴールに戻る。
③ゴールまで走り、先生からカードを受け取ります。
◆課題2
①マットの上に手をつき、スタートからゴールまでクマ歩きをする。
②次に跳び箱にリズムよく飛び乗り、降りる（2段の跳び箱→3段の跳び箱→2段の跳び箱→3段の跳び箱の順）。
③（床を白・黄色のビニールテープで四角に適宜区切っておく）白いテープの四角はグー、黄色のテープのところはパーをしながら歩いてください。
④ビニールテープの四角の中を、白、黄、白、黄色の順番で、歩きます。
⑤最後の黄色の四角からゴールまで走ります。

〈時間〉 20分程度（待機時間などを含む）

〈解答〉 省略

［2019年度出題］

学習のポイント

指示が多く、覚えなければならないことも多い課題ですが、1つひとつの運動は、年齢相応の運動能力があれば問題なくこなせるものです。落ち着いて行動しましょう。複数の指示を一度に受けると混乱しがちなお子さまには、「～では～する」と、場所（器具）と動き（指示）を結びつけると覚えやすくなる、とアドバイスしてみてください。頭の中が整理でき、スムーズに運動ができます。また、当校の教育目標の1つに、「粘り強くやりぬく子を育てる」という一文があります。諦めずに最後まで取り組む姿勢は、それなりに評価されるでしょう。なお、どのような課題にしろ、待機中（ほかの志願者が運動・作業している時間）も「～して待つ」といった指示が出されていることが当校の入試では多いようです。人数が多いので、待機の様子を逐一チェックされていることはないでしょうが、マークされるような目立った行動は避けてください。

【おすすめ問題集】
新 運動テスト問題集、Ｊｒ・ウォッチャー28「運動」

問題24　分野：行動観察

〈準 備〉　ボール（10個程度。さまざまな大きさのものを用意）、段ボール箱（３種類。用意したすべてのボールが入る大きさにする）、布（新聞紙程度の大きさ）

〈問 題〉　**この問題は絵を参考にしてください。**
（この問題は８人のグループで行う。出題者は２人つく）
◆全身じゃんけん
みんなで全身じゃんけんをしましょう。
①パーは両手と両足を大きく広げてください。グーはしゃがんで両手を縮めてください。チョキは両手と両足を前と後ろに出してください。（出題者がお手本を見せながら解説）
②じゃんけんは２人１組でします。勝ち負けが決まったら別のお友だちとじゃんけんをしてください。できるだけ多くのお友だちとじゃんけんをしてください。
③全員とじゃんけんしたら、私たち（出題者）とじゃんけんをしてください。
◆ボール運び
（４人のチームで２組に分かれ、それぞれのチームに出題者が１人つく。絵を参考に、ボール、段ボール箱、布を配置する）
ボール運びゲームをしましょう。
①まず、ボールを布に載せ、布の端を４人で持って運んでください。
②段ボール箱までボールを運び、手で触らないでボールを箱の中に入れてください。どの大きさの箱にボールを入れてもかまいません。ボールが落ちてしまったら、私を呼んでください。拾って布に載せます。
③先にすべてのボールを箱の中に入れるか、私が「やめ」と言った時に、箱の中のボールが多いチームが勝ちです。
（競争は１回５分間。合計３回行う）

〈時 間〉　①３分　②15分

〈解 答〉　省略

［2019年度出題］

学習のポイント

前述しましたが、行動観察の問題では結果ではなく、プロセスが重視されます。つまり、「全身じゃんけん」の課題では、積極性、コミュニケーション能力、指示の理解、「ボール運び」の課題では、協調性といったところが観点になるというわけです。入試でトラブルを起こすようなやんちゃなお子さまはなかなかいないと思いますが、勝ち負けがあると興奮してしまうのもお子さまというものです。集団での行動観察は、ほかの志願者と話す機会があり、よいにつけ悪いにつけ影響を受けてしまい、ふだん大人しいお子さまでも大声を出したり、突飛な行動を取るかもしれないのです。保護者の方は、入試直前に「勝ち負けにこだわることなく、指示通りに行動するように」と指示してください。国立小学校の入試のポイントは「マイナスの方向で目立たないこと」ですから、それぐらいの気持ちでいたほうがよい評価を受けるものです。

【おすすめ問題集】
Ｊｒ・ウォッチャー29「行動観察」

問題25　分野：制作・巧緻性

〈準 備〉　ハサミ、のり（つぼのり）、おしぼり、ビニール袋
あらかじめ、問題25-1、問題25-2ともに、指定の色で塗っておく。

〈問 題〉　①（問題25-1の絵と、準備した道具を渡す）
渡された絵に描かれた四角形を、線に沿ってハサミで切り、切り分けてください。ゴミはビニール袋の中に入れてください。
②（問題25-3の絵を渡し、問題25-2の絵を見せる）
この絵の通りに、渡した紙に切り分けた紙を貼ってください。切り分けた紙はもう1度切っても、折ってもかまいません。手が汚れた時は、おしぼりで拭いてください。

〈時 間〉　①②合わせて20分

〈解 答〉　省略

［2019年度出題］

学習のポイント

例年出題されている「折り紙を台紙に貼る」という課題、前回と違うのは切り分ける形が三角形から四角形になっただけですが、「切り分けた正方形の紙を2つに折ると三角形になる」といった図形分野の知識がないと作業がしにくい、小学校受験としては多少ひねった課題になっています。ほとんどのお子さまは見本を見ながら、悪戦苦闘しながら工作をしたのではないかと思います。仕上がりを見れば評価する側はそういった知識のあるなしがわかるので、この課題では例外的に仕上がりも評価したかもしれません。たいていの制作や行動観察の課題について、「指示の理解とそれに沿った行動をすればよい」「結果はそれほど気にしなくてよい」ということをこの「学習のポイント」でよく書きますが、ここではその考えは通用しないかもしれない、ということです。

【おすすめ問題集】
実践 ゆびさきトレーニング①②③、23「切る・貼る・塗る」

問題26　分野：数量（選んで数える）

〈準 備〉　鉛筆

〈問 題〉　上の段に描かれた絵の中で、2番目に数が多いものはどれでしょうか。下の段から選んで○をつけてください。

〈時 間〉　3分

〈解 答〉　右から2番目

［2018年度出題］

学習のポイント

本問は、複数のものの中から条件に合う絵を選んで数える問題です。コップの中身や線の有無を手がかりに、同じものを見つけます。その時、気を付けたいのは、絵の数え忘れや重複です。これを防ぐためには、数えながら絵の横に○や×などの記号を付けるとよいでしょう。ただし、実際の試験では、記号を書き込めない場合もあります。当校の問題では、問題用紙に記号を書き込むことは禁止されていないようですが、解答時間が短いことを考えると、できるだけ素早く解答できた方がよいでしょう。はじめのうちは、記号を付けながら正確に数える練習をして、試験が近くなったら絵を目で追って数えられることを目標としてください。早く数えられるようになれば、答えを考える時に数を忘れてしまっても、数え直す余裕ができます。はじめは戸惑うと思いますが、練習を重ねる内に、間違いが少なくなり、解答時間も短くなります。焦らずにじっくりと取り組んでください。

【おすすめ問題集】
Ｊｒ・ウォッチャー４「同図形探し」、14「数える」、37「選んで数える」

問題27　分野：常識（時間の流れ）

〈準備〉　鉛筆

〈問題〉　それぞれの段に、４枚の絵がバラバラに並んでいます。これらの絵を順番通りに並べた時、２番目になる絵に○を、４番目になる絵に△をつけてください。

〈時間〉　各30秒

〈解答〉　①○：左端　△：右端
②○：右端　△：左端
③○：右から２番目　△：左から２番目

［2018年度出題］

学習のポイント

時間の流れを答える問題は、毎年出題されています。絵から時間の流れを読み取るには、日常生活で得た知識や経験が活かされます。例えば、動物や植物の成長は、図鑑などで成長過程を学べますし、ご家庭で育てている動植物があれば、それを参考にするのもよいでしょう。また、行動や出来事の順番は、お子さま自身の経験を元にすると考えやすくなります。絵の場面と似たような出来事を思い出し、その時、何が起こったのかを、選択肢の場面と照らし合わせて順番を考えてください。②の問題は、２人で公園へ向かう絵がポイントです。この絵から、前後に起こることを考えると、まず、公園で遊ぶ絵は、この絵の後に来ると考えられます。そして、残りの絵を見ると、１人で自転車を漕ぐ絵と、お友だちと出会う絵だとわかります。公園には２人で向かっていますから、その前の場面はお友だちと出会う絵だと推測できます。すると、残りの絵の順番も決まります。このように、ポイントとなる絵を見つけて前後を考えると、最初の絵が見つからなくても、問題を解くことができるようになります。③も同様に考えると、車が描かれた２枚の絵がポイントだとわかります。昼に動物園に向かう絵と、夜に家へ向かう絵がありますから、出かけて帰ってくる様子が描かれていると考えられます。

【おすすめ問題集】

Ｊｒ・ウォッチャー13「時間の流れ」

問題28　分野：図形（鏡図形）

〈準備〉　鉛筆

〈問題〉　１番左側の絵を見てください。この絵を鏡に写すと、どのように見えますか。それぞれの段の右側から選んで○をつけてください。

〈時間〉　各20秒

〈解答〉　①右端　②左から２番目　③右から２番目

［2018年度出題］

学習のポイント

鏡図形の問題を解く時は、比べる部分を絞り込むと答えを見つけやすくなります。まず、お手本の絵で左右非対称の部分や模様などに注目し、それぞれの選択肢同士を見比べて、共通する特徴を持つものを見つけます。次に、それらの絵の細かい部分に目を配り、見本と同じ部分や違う部分を確認していきます。もし、お手本と見比べても答えがわからない場合は、選択肢同士の違いを見つけて、その部分をお手本と照らし合わせるようにしてください。③の問題を例にすると、お手本のイヌの体には模様があり、前足を上げているという特徴があります。この２点に注目して選択肢を見ると、左から２番目と右から２番目の犬の特徴が一致します。次に、これら２匹の体の模様をそれぞれお手本と見比べると、正しい絵は右から２番目だとわかります。

【おすすめ問題集】

Ｊｒ・ウォッチャー４「同図形探し」、48「鏡図形」

問題29　分野：常識（仲間探し）

〈準　備〉　鉛筆

〈問　題〉　１番左側の絵を見てください。この絵と同じ仲間になる絵を、それぞれの段の右側から選んで○をつけてください。

〈時　間〉　各20秒

〈解答例〉　①左から２番目（すべり台：公園にあるもの）
②右端（クリスマス：同じ季節のもの）
③右から２番目（リンゴ：木に実るもの）
※解答例以外の答えでも、納得のできる理由があれば正解としてください。

［2018年度出題］

学習のポイント

当校で出題される仲間探し、および仲間はずれ探しの問題は、毎年非常に幅広い範囲から出題されます。こうした仲間探しの問題を考えるには、１つのものがさまざまな特徴を持っていることを、お子さまに意識させるとよいでしょう。例えば、「リンゴ」なら、「木に実るもの」以外にも、「赤」「くだもの」「食べ物」「冬のもの」などさまざまな仲間に分けることができます。連想ゲームなどを通して、仲間分けを意識させてください。
本問の解説ですが、まず、①は「公園にあるもの」なので、シーソーとすべり台が仲間になります。ほかには、ジャングルジムやブランコなどが同じ仲間に挙がります。②は「同じ季節のもの」です。当校では毎年、季節に関する問題が出されますので、季節感も身に付けておきましょう。③はくだものや野菜が実る場所で仲間分けしています。メロンやスイカは土の上に、ジャガイモは土の中に実ります。

【おすすめ問題集】
Ｊｒ・ウォッチャー11「いろいろな仲間」、27「理科」、34「季節」、
55「理科②」

問題30　分野：巧緻性（塗り絵）

〈準　備〉　鉛筆

〈問　題〉　（問題30-１の絵をお手本として見せ、問題30-２の絵を渡す）
この絵を見ながら、渡した絵をこの通りに塗ってください。ただし、絵を折ったり、回転させたりしてはいけません。

〈時　間〉　３分

〈解　答〉　省略

［2018年度出題］

学習のポイント

当校では毎年、筆記用具に鉛筆が使われています。本問のような絵を塗る課題でも、鉛筆を使いますので、鉛筆で色を塗ることには慣れておきましょう。塗る面積が少ないので、簡単に見えますが、こうした課題は、作業をていねいに行っているかどうかも観点になっていると考えられます。塗り方がいい加減だと、課題に対する姿勢もいい加減だと思われてしまいます。簡単だと思ったとしてもしっかり取り組み、終わった後に間違いがないように見直す習慣をお子さまに身に付けさせてください。本問の特徴は、解答用紙に描かれた絵が、回転していることです。解答用紙を回転させないように指示されていますので、頭の中でお手本を回転させた絵を思い浮かべ、どこを塗ればよいか判断しなくてはなりません。練習のために、回転図形の問題に取り組んで、考え方を身に付けることをお勧めします。

【おすすめ問題集】

Ｊｒ・ウォッチャー23「切る・貼る・塗る」、46「回転図形」、51「運筆①」、52「運筆②」

問題31 分野：制作・巧緻性

〈準備〉 ハサミ、のり（つぼのり）、おしぼり、ビニール袋
あらかじめ、問題31－1と問題31－2とを指定の色で塗っておく。

〈問題〉 ①（問題31－1の絵と、準備した道具を渡す）
渡された絵に描かれた四角形を、線に沿ってハサミで切り、4つの三角形にしてください。ゴミはビニール袋の中に入れて片づけてください。
②（問題31－3の絵を渡し、問題31－2の絵を見せる）
この絵の通りに、渡した紙に三角形の紙を貼ってください。手が汚れた時は、おしぼりで拭いてください。

〈時間〉 ①②合わせて30分

〈解答〉 省略

［2018年度出題］

学習のポイント

毎年出題される、お手本通りに紙を貼る問題です。本年度は形だけでなく、貼る順番も考える必要があります。いきなりのりで貼らずに、まずは台紙の上に置いてみて、重なり方や貼る順番を把握してから作業に移りましょう。作業では、のりやハサミなどを使用しますが、これらの道具を上手く使えるかどうかも、観点の1つです。日ごろの工作遊びを通して、使い方を身に付けましょう。注意点は、使用経験の少ない「つぼのり」の使い方です。このタイプののりは、適量をお子さまが考えなければなりません。少なすぎると貼れませんし、逆に多すぎると、紙が滑ったり、ふやけて破れたりしてしまいます。「つぼのり」に限らず、目的に合わせた必要なのりの量を覚えることを知ることは大切です。

【おすすめ問題集】

実践 ゆびさきトレーニング①②③、
Ｊｒ・ウォッチャー3「パズル」、23「切る・貼る・塗る」、35「重ね図形」

問題32 分野：運動

〈準備〉 ビニールテープ（白、黄、赤、青）、段ボール（２個。１個には黄色のビニールテープを貼り、もう１個にはクマの絵を描く）、カード（10cm四方程度の大きさ）、机、平均台、ゴムとび（飛び越えられる高さのものと、くぐれる高さのものの２種類用意。飛び越えられるゴムとびは白い支柱の間にゴムを張る、くぐれるものには青い支柱にゴムを張る）、マット

〈問題〉 **この問題は絵を参考にしてください。**
（この問題は20人程度のグループで行う。あらかじめ、準備した道具を、問題32の絵を参考にして配置する）
これから、さまざまな運動をします。まず、私（出題者）がお手本を見せますから、同じようにスタートからゴールまで進んでください。待っている間と、運動が終わった後は、体育座り（三角座り）で待っていてください。
（課題１のお手本を見せた後に、志願者が行う。全員が課題１を終えたら、課題２も同様に行う）

◆課題１
①スタートしたら、黄色のテープを貼った段ボールの所を回ります。
②クマが描かれた段ボールの周りを走って１周します。
③ゴールまで走り、先生からカードを受け取ります。

◆課題２
①カードを机の上に置きます。
②平均台まで走り、平均台の上をクマ歩きで反対側まで進みます。
③白い支柱の間に張られたゴムを飛び越えます。青い支柱の間に張られたゴムをくぐります。
④ビニールテープで区切られた四角を、白、黄、赤の順番で、両足跳びで進みます。
⑤ゴールまで走ります。

〈時間〉 30分程度（待機時間などを含む）

〈解答〉 省略

［2018年度出題］

学習のポイント

１つひとつの運動は、年齢相応の運動能力があれば問題なくこなせるものです。ふだんから公園などに積極的に出かけ、お子さまが体を動かす機会を作ってください。本問のポイントの１つは、指示が多いため、お手本をしっかり覚えなければならないことです。配置された器具と、指示された動きを結びつけると覚えやすくなります。指示を聴き逃さないよう、集中して話を聞く練習にも取り組んでください。また、運動の結果だけでなく、取り組む姿勢も観られていると考えたほうがよいでしょう。前述しましたが、当校の教育目標の１つに、「粘り強くやりぬく子を育てる」というものがあります。諦めずに最後まで取り組む姿勢は評価されるかもしれません。運動だけでなく、ほかのお友だちを待つ時の姿勢も気にしたほうがよいでしょう。自分の運動が終わると安心してしまい、ほかのお友だちとお喋りをしてしまうことはよくありません。そうならないよう、最後まで静かに待つ姿勢を身に付けたいものです。

【おすすめ問題集】
新 運動テスト問題集、Ｊｒ・ウォッチャー28「運動」

問題33　分野：図形（同図形探し）

〈準 備〉　鉛筆

〈問 題〉　左の絵と同じものを右側から選んで○をつけてください。

〈時 間〉　２分

〈解 答〉　①真ん中　②右端　③真ん中

［2017年度出題］

学習のポイント

問題自体はさほど難しい内容ではありません。図形（絵）の１つひとつを注意深く観察すれば、自然と答えがわかるレベルのものです。同図形問題の解き方の１つとして、図形を比較する際は、さまざまな方向から観察するのではなく、見る方向を一定にすると左右の勘違いが少なくなります。同図形問題の間違いの多くは左右を見間違えることによって起きるので、この種の問題が苦手というお子さまは一度試してみてください。なお、当校の入試は基礎的内容のものが多く、ペーパーテストでは、結果に差が付きにくいタイプの問題です。それだけに、ほかの志願者も正解するであろう問題は確実に答えておく必要があります。時間が余ったら、見直す習慣も付けておきましょう。

【おすすめ問題集】

Ｊｒ・ウォッチャー４「同図形探し」

問題34　分野：常識（時間の流れ）

〈準 備〉　鉛筆

〈問 題〉　それぞれの段に、４枚の絵がバラバラに並んでいます。これらの絵を順番通りに並べた時、１番目になる絵に○を、３番目になる絵に△を付けてください。

〈時 間〉　各45秒

〈解 答〉　①○：右から２番目　△：左端　②○：左から２番目　△：左端

［2017年度出題］

学習のポイント

当校で頻出している、イラストを時間の流れの順番通りに並べる問題です。イラストを見てどのような場面なのかを理解し、そのイラストで描かれている人が次に何を行うのか、前に何を行っていたかを推測しなければいけません。保護者の方なら、ストーリーのパターンのようなものが身に付いていますから感覚的に答えがわかるでしょう。しかし、お子さまの場合は、１つひとつのイラストの意味を考えながら場面を考えますから、大人が考えるよりも難しい問題になります。類題を解くのも対策の１つですが、動植物の成長や天候の移り変わりなどを早回しで再生する映像を見てみるのもよいかもしれません。実感が湧きますし、お子さまも飽きにくいでしょう。

【おすすめ問題集】
Ｊｒ・ウォッチャー13「時間の流れ」

問題35　分野：常識（仲間探し）

〈準備〉　鉛筆

〈問題〉　１番上の段を見てください。左の四角の中の絵の仲間を、右の４つの中から１つ選んで、○をつけてください。その下の段も同じようにしてください。

〈時間〉　１分

〈解答例〉　①左から２番目（おもち）　②右端（鉛筆）
③左から２番目（コイノボリ）　④右から２番目（イルカ）

［2017年度出題］

学習のポイント

解答例以外の答えでも、保護者の方が納得のいく理由をお子さまが言うことができれば正解としてください。例えば、①は食べもものの材料で仲間わけをしていますが、「お弁当に持っていく食べ物」という考えで分ければ、「サンドイッチ」を選ぶこともできます。当校ではこういった仲間探しの問題が例年出題されていますが、広い範囲から出題されていることに注意してください。「理科」「動植物」「季節」「食品」「日用品」など、（当校が）お子さまの年齢相応に持っていると考える知識なら、ほぼすべての範囲から出題されています。中には、動植物などの生態、花の開花時期、野菜の収穫時期、季節の行事など、ご家庭によっては触れる機会が少なく、実感しにくいものもありますから、保護者の方が映像や図鑑を通して教えるなどのなど工夫をして、お子さまに知識を得る機会を増やしてあげてください。

【おすすめ問題集】
Ｊｒ・ウォッチャー11「いろいろな仲間」、27「理科」、34「季節」、55「理科②」

問題36　分野：巧緻性（塗り絵）

〈準 備〉　鉛筆

〈問 題〉　上と同じになるように、下の絵に色を塗ったり、絵を描いたりしてください。

〈時 間〉　５分

〈解 答〉　省略

［2017年度出題］

学習のポイント

例年出題される模写・塗り絵の問題です。図形的な要素を含んでいることが多いので、「○」「□」「△」など基本的図形を書く、鉛筆で塗るといった練習を行っておくとよいでしょう。これは、直線、曲線を書く運筆の練習になるのはもちろんですが、実際に書くことで、図形を構成する要素がわかり、図形の回転や合成といった、図形の操作が感覚的にわかるようにもなります。なお、近年の小学校入試では、「図形感覚」を問う問題が多くなっています。「図形感覚」というのは、図形を頭の中に思い浮かべて、それを回転させたり、合成させた時の形を思い浮かべることができる力のことです。このような問題で図形の構成を知ることは、その感覚を身に付ける第一歩になるでしょう。

【おすすめ問題集】

Ｊｒ・ウォッチャー４「同図形探し」、23「切る・貼る・塗る」、51「運筆①」、52「運筆②」

問題37　分野：行動観察

〈準 備〉　円形の布（直径１ｍ程度）、ゴムボール、ロープ、鈴（３個）
問題29の絵のように道具を配置、配布する。５分程度の曲を収録した音源、再生機器

〈問 題〉　**この問題は絵を参考にしてください。**
※この問題は４人のグループで行う。
（絵と同様に、布でボールを弾いて、鈴に当てる見本を見せる）
これから先生がやったように、お友だちと協力して、ボールを鈴に当ててください。音楽が流れ始めたらスタートです。ボールが鈴に当たったら１点、当たらなければ０点です。音楽が終わったらもとの位置まで戻って座ってください。（録音した曲を再生し、スタートする）

〈時 間〉　５分程度

〈解 答〉　省略

［2017年度出題］

学習のポイント

ボールが鈴にあたるかどうかは４人の息が合うかにかかっていますから、観点は４人が協力できるか、グループ内でどのようにコミュニケーションを取れるかということになるでしょう。これは現時点での学力よりもコミュニケーション能力、特に協調性を重要視しているということです。協調性は家庭だけで身に付けることが難しい性質のものです。幼稚園や保育園だけではなく、さまざまな場所で、さまざまな人と共同作業や集団行動を取る機会を大切にしてください。そこで「他人の迷惑にならない」「積極的に行動する」などの基本的ルールを学べば徐々にコミュニケーション力が身に付きます。なお、このような勝ち負けがある課題では、必要以上に積極的になってしまうお子さまがいます。ここまでの評価が台なしになるかもしれませんから、そうした傾向のあるお子さまには、試験前に「ほかのお友だちの意見を聞く、行動を見る」ということをあらためて確認するようにしてください。

【おすすめ問題集】

Ｊｒ・ウォッチャー29「行動観察」

問題38　分野：運動

〈準 備〉　三角コーン、ゴム跳び用のゴムひもとポール、マット、カラーテープ、肋木（はしご・脚立等で代用可）、タンバリン

〈問 題〉　**この問題は絵を参考にしてください。**
これからお手本を見せます。お手本を見た後に、同じようにして、スタートからゴールまで進んでください。

①【スタート】→コーンにタッチしながらジグザグに走る→１つ目のゴムひもをくぐる→２つ目のゴムひもを跳び越える→箱の向こう側を回る→走って戻ってくる→【ゴール】

②【スタート】→マットの上のカラーテープの間ででんぐり返し→肋木を登ってタンバリンを叩く→降りる→走る→【ゴール】

〈時 間〉　30分程度（待機時間などを含む）

〈解 答〉　省略

[2017年度出題]

学習のポイント

運動テストは上手にできればそれに越したことはありませんが、それほど難しい内容ではありませんから、年齢相応の運動能力があることが表現できればそれで充分でしょう。むしろ、指示をどれだけしっかりと聞いて理解しているか、それに従って行動できるかの方がここでは重要です。当校の運動の課題は、いわゆるサーキット運動というものですが、試験の場では緊張しますから、順序を覚えるだけでも大変なことです。グループで最初に運動する志願者が間違えた手順でサーキットを回ってしまうと、釣られてほかの志願者も同じように間違えてしまうということもあるようですから、落ち着いて指示を把握することをまず意識してください。なお、この年は「肋木」が数年ぶりにサーキットに組み込まれています。目新しいものではありませんが、経験がない場合は１度使って運動しておきましょう。

【おすすめ問題集】

新 運動テスト問題集、Ｊｒ・ウォッチャー28「運動」

問題39　分野：制作

〈準 備〉　ハサミ、のり（つぼのり）、おしぼり、ビニール袋
あらかじめ、問題39-１、問題39-２の絵を、指定された色の通りに塗っておく。

〈問 題〉　**この問題の絵は縦に使用してください。**
（色を塗った問題39-１の絵を渡す）
①色が塗られた部分を、線に沿って切り離してください。
（色を塗った問題39-２の絵を見せ、問題39-３の台紙を渡す）
②先ほど切り取った紙を、お手本と同じように、渡した紙にのりで貼り付けてください。
手が汚れたらおしぼりで拭いてください。ゴミが出たら、ビニール袋の中に入れて片付けてください。

〈時 間〉　30分

〈解 答〉　省略

［2017年度出題］

学習のポイント

前年とほぼ同様の問題です。当校の制作問題では、ハサミやのり、セロハンテープといった道具を使いますから、その扱いにも慣れておく必要があります。日頃の遊びを通して、はさみで紙をきれいに切ったり、のりを適量で使ったりする練習をしましょう。また、本問にはパズルの要素も含まれています。見本通りに紙を貼るだけでなく、形を組み合わせることも求められるからです。例えば、お手本の指示では青の「口」が３カ所あるの対し、ピースは「口」が２枚、「△」が４枚しかありません。そのため、「△」を２枚使って、「口」を作るアイデアが求められます。本問の制限時間は30分と長めですが、①パズルのピースを自分で切りぬき、②図形の合成を考え、③パズルを組み合わせ台紙に貼りつける、④後片付けをするとなるとかなり忙しくなるかもしれません。落ち着いて１つひとつの工程を確実に行いましょう。

【おすすめ問題集】
実践 ゆびさきトレーニング①②③、
Ｊｒ・ウォッチャー３「パズル」、23「切る・貼る・塗る」、45「図形分割」、
54「図形の構成」

問題40　分野：常識（時間の流れ）

〈準備〉　鉛筆

〈問題〉　それぞれの段に、４枚の絵がバラバラに並んでいます。これらの絵を順番通りに並べた時、２番目になる絵に○を、４番目になる絵に△をつけてください。

〈時間〉　各45秒

〈解答〉
①○：右から２番目　△：左から２番目
②○：右端　△：右から２番目
③○：左から２番目　△：右端
④○：右から２番目　△：左端

［2016年度出題］

学習のポイント

時間の流れや物語の展開を問う問題は、当校の入試では頻出です。①②は絵の中のネコや風船の動きと、背景の変化を見比べながら自然な流れを推測する問題になっています。お話の読み聞かせなどでストーリーを順に追っていくことに慣れていれば、悩むことはないでしょう。お子さまが問題の順番を理解できていないようでしたら、絵に描かれた場面で、ネコがなぜそうしているのか、風船がどれぐらい高く飛んでいるか、などを想像させるとよいでしょう。③④は理科や社会生活の知識の問題です。こうした問題は、実体験や生活に密着した知識を積んでいるかどうかが答えのポイントになります。植物はどうやって成長するのか、ポストに入れた手紙はどうやって届くのか、お子さまが疑問に思ったことはあるはずです。そうした反応を見せたら、ぜひ保護者の方から教えてあげて、お子さまに知ることの楽しさを覚えさせてあげてください。

【おすすめ問題集】
Ｊｒ・ウォッチャー13「時間の流れ」、27「理科」、55「理科②」

問題41　分野：図形（展開）

〈準備〉　鉛筆

〈問題〉　**この問題の絵は縦に使用してください。**
それぞれの段の左端には、折った紙があります。この紙を点線の通りに切って開くと、どんな形になるでしょうか。右側の絵の中から選んで、○をつけてください。できたら、ほかの段も同じように○をつけてください。

〈時間〉　各15秒

〈解答〉　①左端　②右から２番目　③左から２番目　④左から２番目　⑤右端

［2016年度出題］

学習のポイント

過去の出題では、本問のように切った紙の形を問う問題のほかにも、紙を数回折った後、開いた時の折り目を問う問題もありました。いずれにせよ求められているのは、紙を折るということに対するお子さまの理解です。図形に対する考え方は、複雑なものではなく、日頃の折り紙遊びなど、年相応の経験を積むうちに身に付くものです。答えを聞いたお子さまがよくわかっていないようでしたら、問題の通りに折ったり切ったりして、実際に答えの通りに図形が切れることを確かめながら説明しましょう。また、その時に、半分に折った紙を真ん中で半円に切って円形の穴を作ったり、折った紙を好きなように切らせて、さまざまな形を作らせてみるなどの技や遊びを見せれば、お子さまも興味を持って取り組めるでしょう。

【おすすめ問題集】
Ｊｒ・ウォッチャー５「回転・展開」

問題42　分野：図形（鏡図形）

〈準備〉　鉛筆

〈問題〉　左端の絵を鏡に映すとどのように見えますか。右側の四角の中から選んで○をつけてください。できたら、ほかの段も同じようにしてやりましょう。

〈時間〉　各30秒

〈解答〉　①右から２番目　②左端　③左端　④右端

［2016年度出題］

学習のポイント

当校では例年鏡図形の問題が出題されます。一口に鏡図形といっても、単純に絵を鏡に映しただけのもの、水面に映ったように上下が反転するもの、鏡ではなく透明な板に描いた絵を裏返したもの、向かい側のお友だちから見た時の様子を問うものなど、さまざまなパターンがあります。これらの問題を解くには、パターンごとに対応する解き方を覚えていくのではなく、絵や図形を頭の中で反転・回転させる能力を身に付けた方がよいでしょう。まず、鏡に映ったものは左右が反対になることを、実際に問題のイラストを鏡に映して見せながら説明してください。このことをお子さまが理解できるようになったら、応用として上下を反転させたり、透明な板を裏返すといったパターンに挑戦しましょう。

【おすすめ問題集】
　Ｊｒ・ウォッチャー４「同図形探し」、８「対称」、48「鏡図形」

問題43　分野：巧緻性（塗り絵）

〈準備〉　鉛筆

〈問題〉　（問題43-１のイラストを見せ、問題43-２のイラストを渡す）
この絵を見本にして、渡した絵を同じように塗りましょう。ただし、渡した絵を回転させたり、折ったりしてはいけません。

〈時間〉　５分

〈解答〉　省略

［2016年度出題］

学習のポイント

当校で出題される模写・塗り絵の問題は、解答する時の指示が毎年変わっています。この年度は塗り潰す絵がお手本とは違い、回転しているものが使われました。頭の中でお手本の絵を回転させ、手元に渡された絵と一致させることができれば、後はお手本を見ながら同じように色を塗っていくだけです。ただし、この問題は制限時間が短く、それでいててていねいな塗り方が要求されます。きれいに塗り潰すためには、まず枠の外側を縁取りしてから中を塗っていきましょう。正しい鉛筆の持ち方や、線の引き方もこの機会に教えてください。

【おすすめ問題集】
実践 ゆびさきトレーニング①②③
Ｊｒ・ウォッチャー４「同図形探し」、23「切る・貼る・塗る」、
46「回転図形」、51「運筆①」、52「運筆②」

問題44　分野：行動観察

〈準備〉　木の板（１ｍ四方程度の大きさ）、角材（台として使う。木の板を10度ほど傾けられるものならば何でもよい）、紙コップ（30個ほど）、それぞれ２セット分用意する
５分程度の音楽を録音した媒体、再生機器

〈問題〉　この問題は絵を参考にしてください。
（この問題は４人１組のグループになって、２組で行う。あらかじめ準備した木の板と台を絵のように置く）
これからコップ積み競争をします。お友だちと協力して、木の板の上にコップを積んでください。音楽が流れ始めたらスタートです。音楽が終わった時に、高く積み上がっていた方が勝ちです。
（録音した曲を再生し、スタート）

〈時間〉　適宜

〈解答〉　省略

［2016年度出題］

学習のポイント

グループで勝負する行動観察の課題は、お子さまの競争心を刺激します。お勉強やペーパーテストは大人しくできるお子さまでも、集団行動では楽しくなって騒いでしまったり、相手を気にするあまりルールを破ってでも勝とうとしたり、同じチームのお友だちにきつく当たってしまうことがあります。うちの子は大人しいから大丈夫と思っていても、初対面のお友だちもいる集団での遊びに慣れていないと、思わぬ行動をとってしまうものです。公園やレクリエーション施設での遊びを通して、そうした環境にも慣れていきましょう。この課題は少し傾いた台の上にコップを載せていくので、工夫をしなければコップを高く積み上げることはできません。そうした工夫を遠慮せずに素直にほかのお友だちに伝えることができるか、逆にほかのお友だちの工夫を聞くことができるか、そうしたコミュニケーション能力も観点の１つとなるでしょう。

【おすすめ問題集】

Ｊｒ・ウォッチャー29「行動観察」

問題45　分野：運動

〈準備〉　ドッジボール、段ボール箱２つ（ドッジボールが入る大きさ。１個を赤、１個を黄色に塗る）、三角コーン、ビニールテープ、平均台、ゴムひも

〈問題〉　**この問題は絵を参考にしてください。**

これからお手本を見せます。お手本を見た後に、同じようにして、スタートからゴールまで進んでください。

★問題45－１

（問題45－１のイラストのようにダンボール箱、三角コーン、ビニールテープを配置する）

①私がボールを投げますので、それをキャッチしたら赤いダンボール箱の中に入れてください。

②ボールをダンボール箱の中に入れたら、三角コーンを避けながらジグザグに走ってください。

③三角コーンを抜けたら、黄色い段ボールに触らないで、周りを大きく回ってから、ゴールまで全力で走ってください。

★問題45－２

（問題45－２のイラストのように平均台、ゴムひも、ビニールテープを配置する）

①スタートから走って、平均台の上をクマ歩きで渡ってください。

②平均台を渡り終わったら、ゴムをジャンプして飛び越えながら、ゴールまで走ってください。

〈時間〉　30分程度（待機時間などを含む）

〈解答〉　省略

［2016年度出題］

学習のポイント

当校で出題される運動の課題は、難易度が高いものではありません。「ボールをキャッチする」「走る」「跳ぶ」「バランスを取って歩く」など、年齢相応の運動能力があれば難なくこなせるでしょう。キャッチボールやかけっこなどの動きです。外での遊びを積極的に行って、お子さまの運動能力を育んでください。本番ではボールをキャッチしそこねたり、平均台から落ちてしまうこともあるかもしれません。そうした場合も諦めずに取り組むことを教えてあげてください。学校側は運動能力だけでなく、出題者の指示を聞けるかどうか、課題を投げ出さずに最後まで取り組めるかどうかといった、お子さまの姿勢も観ています。30分という長い時間の中でも、真面目に課題に集中できるお子さまが有利になるでしょう。

【おすすめ問題集】

新 運動テスト問題集、Ｊｒ・ウォッチャー28「運動」

問題9

①

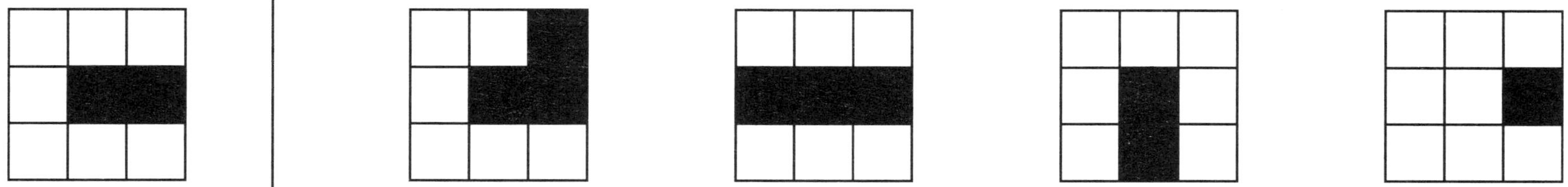

②

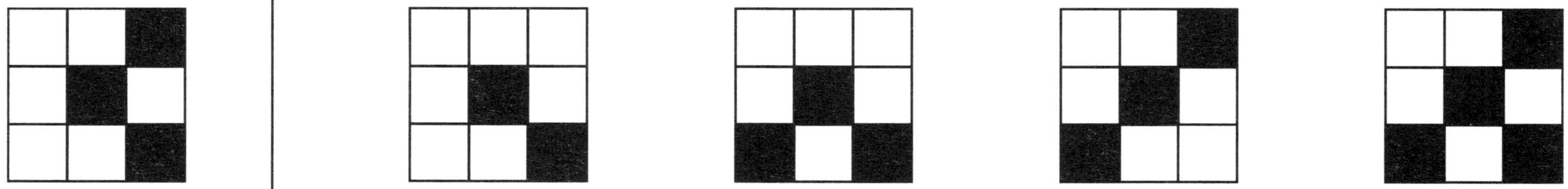

③

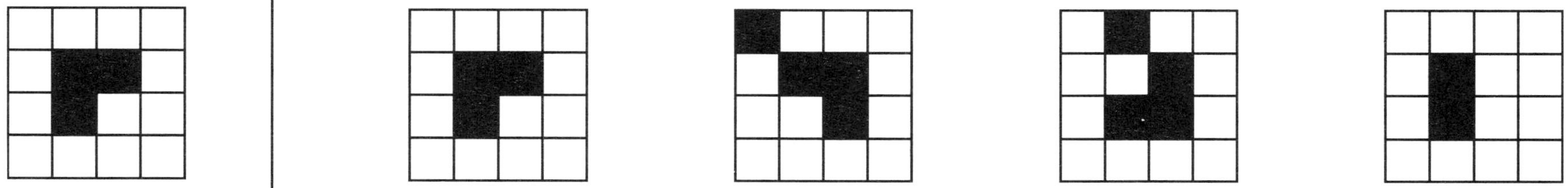

④

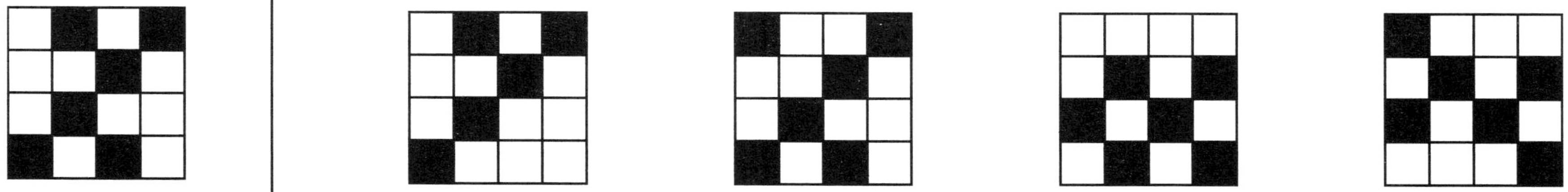

問題１０

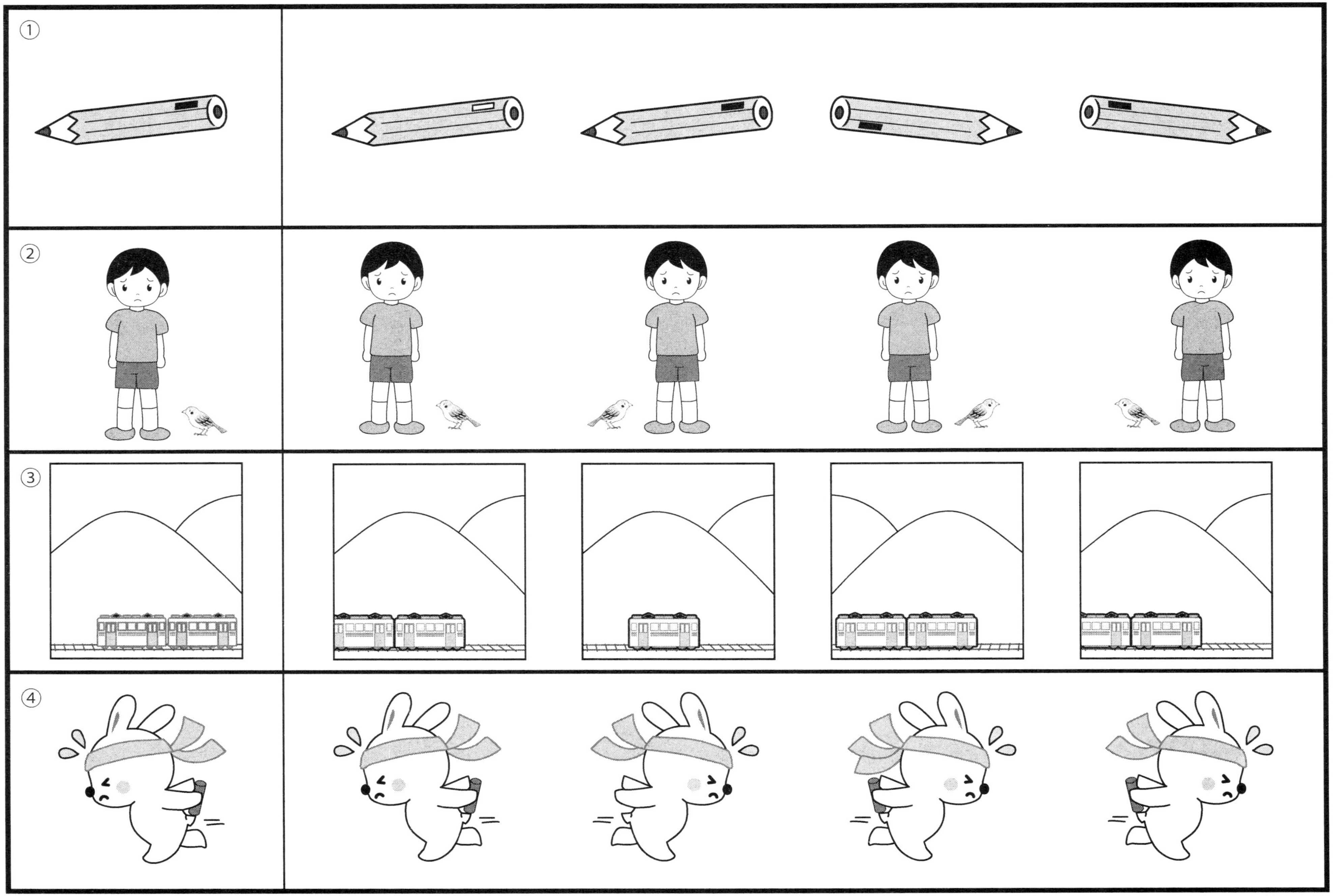

問題１１

①

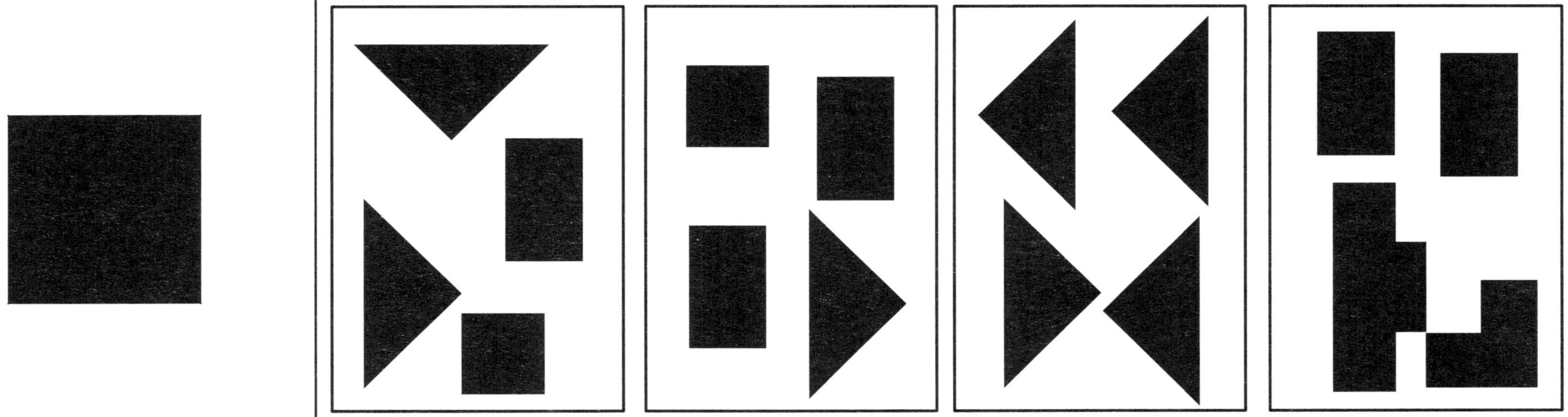

②

2022年度 埼玉大学附属 過去 無断複製／転載を禁ずる　日本学習図書株式会社

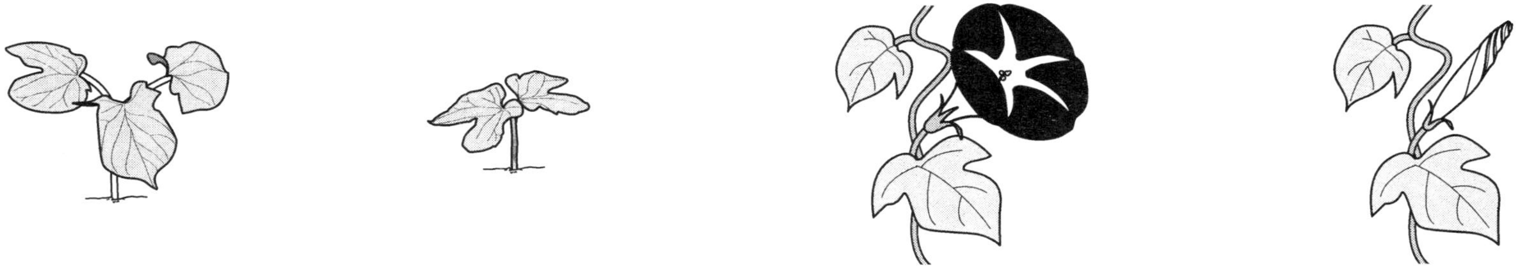

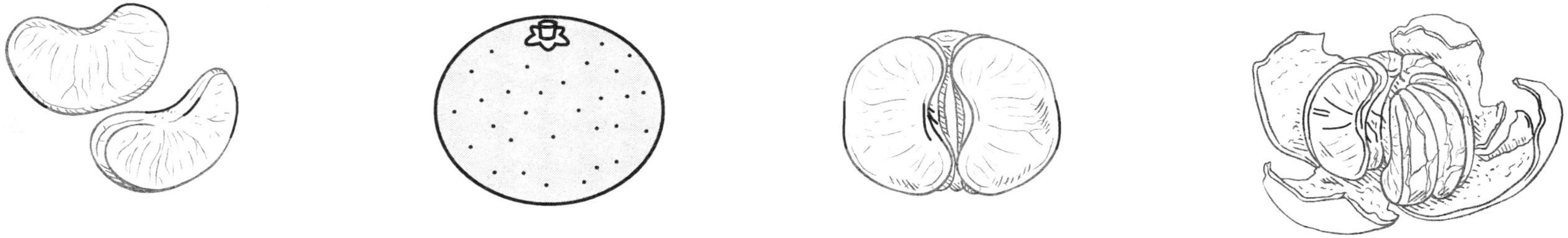

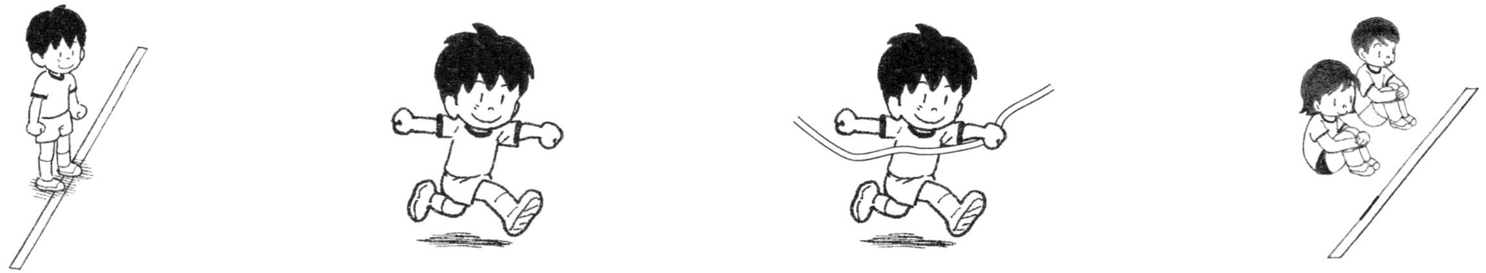

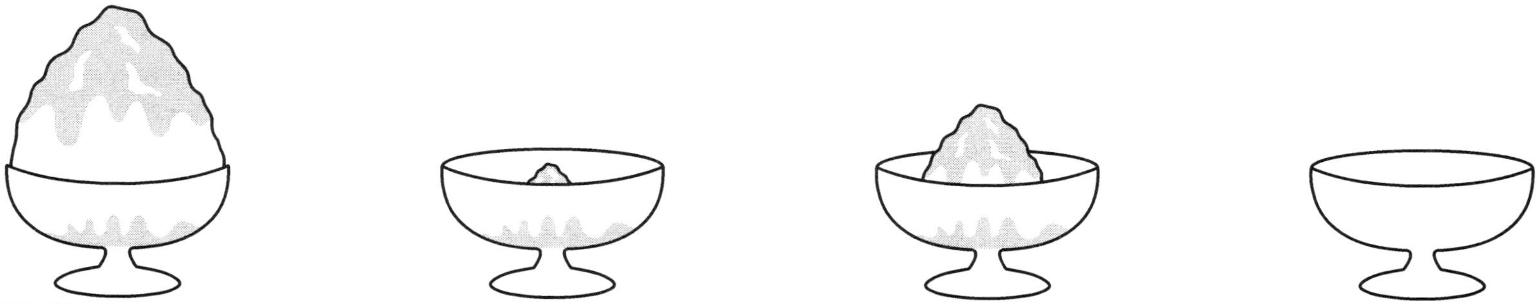

問題13-1

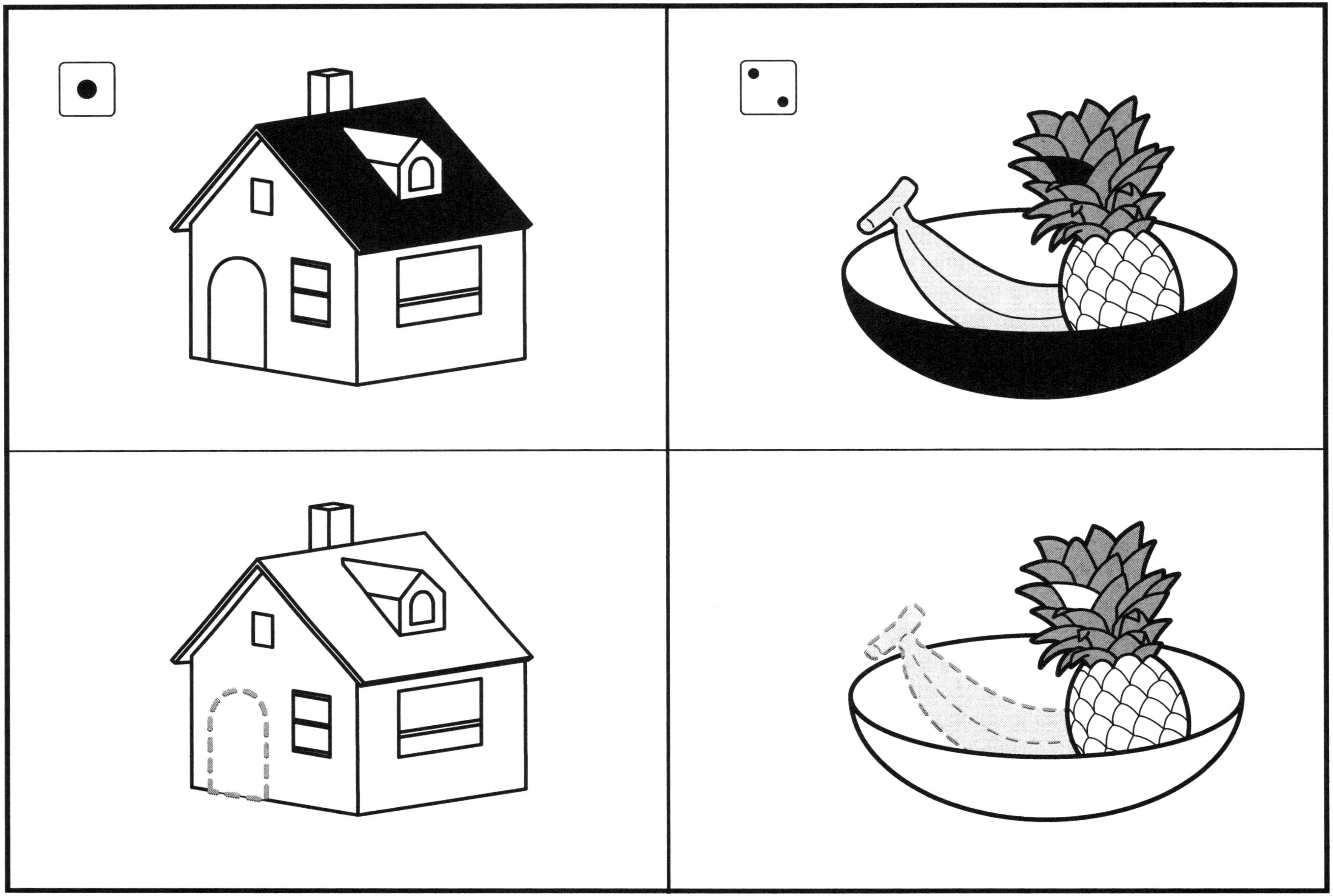

④

③

日本学習図書株式会社

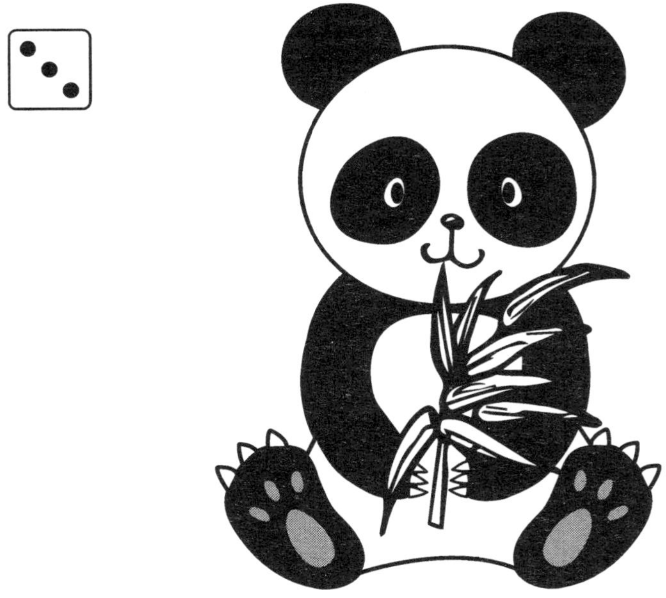

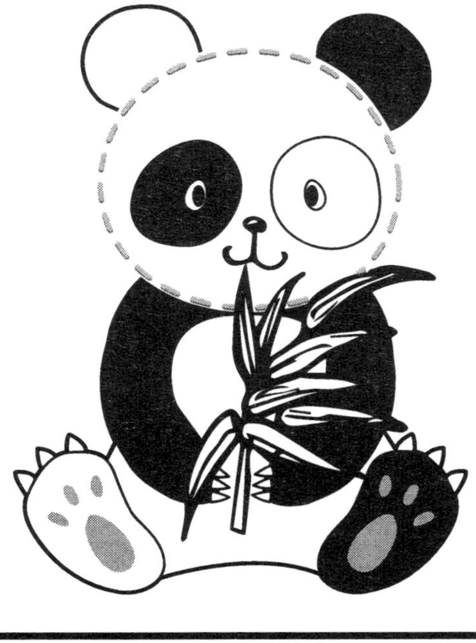

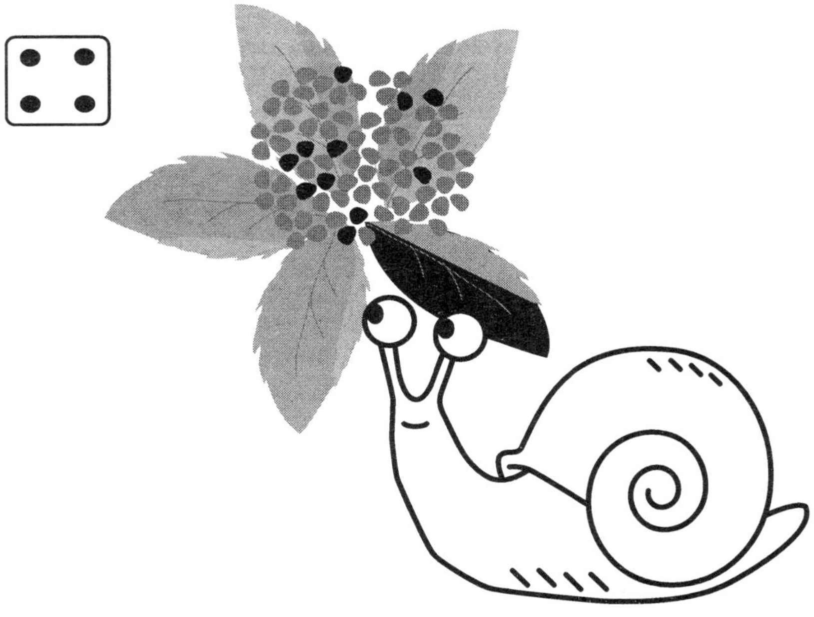

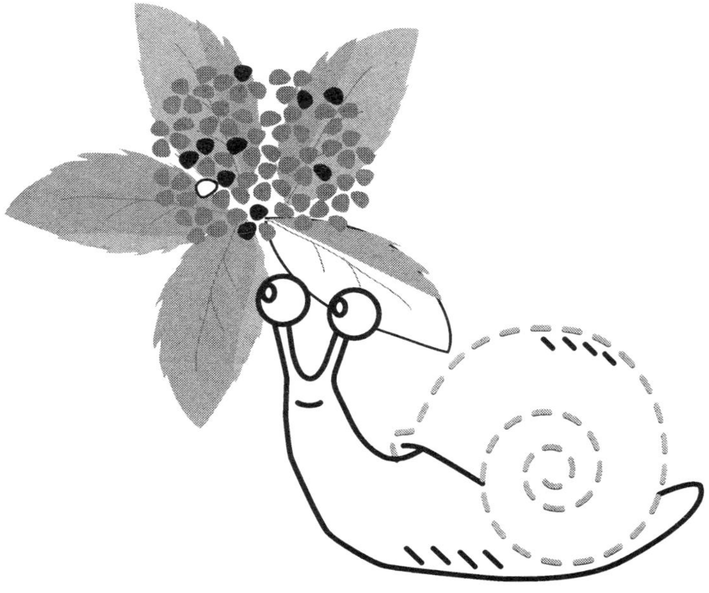

2022 年度 埼玉大学附属 過去 無断複製／転載を禁ずる 日本学習図書株式会社

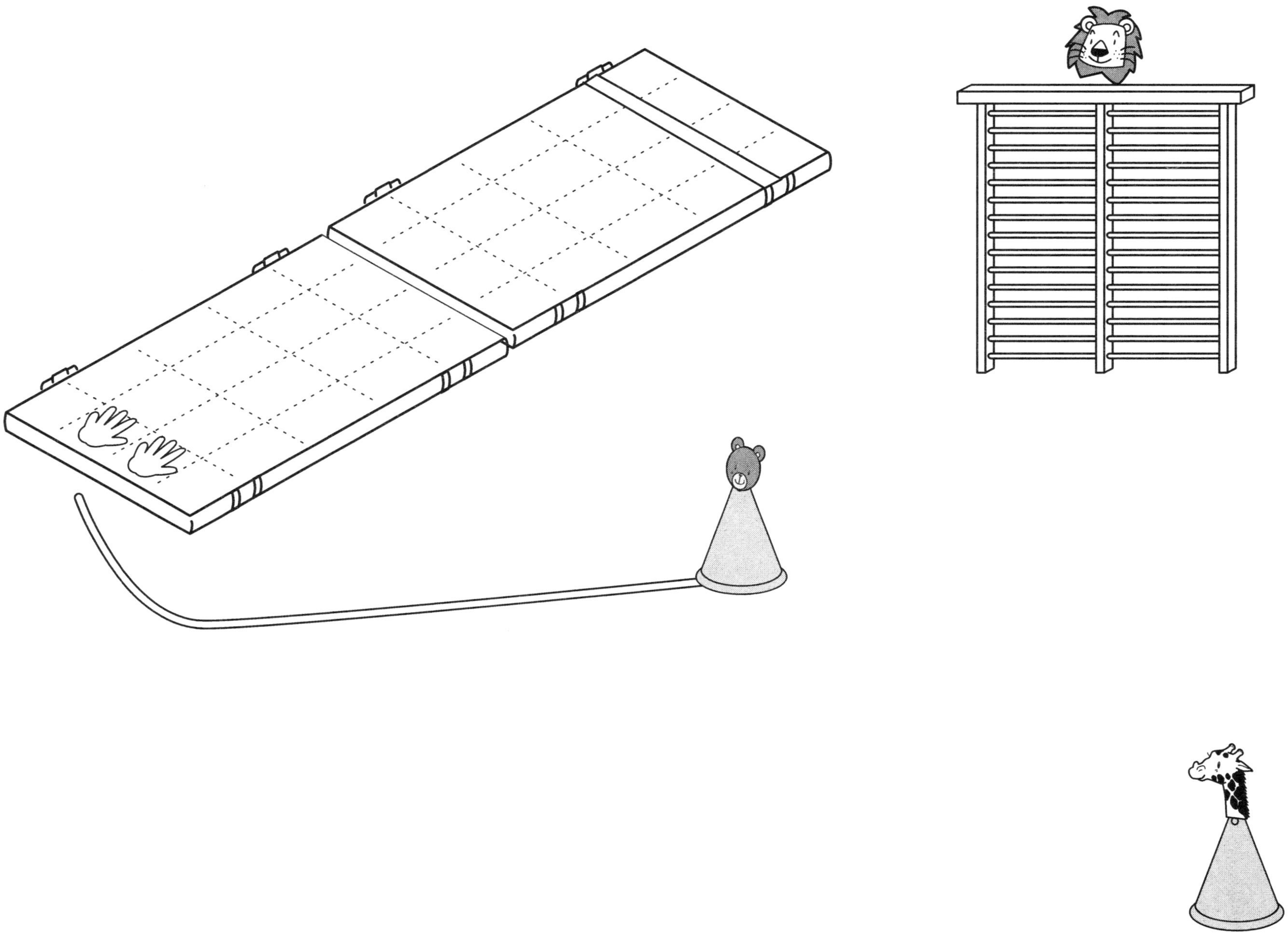

問題１５

スポンジ積み上げ競争

台所用スポンジを幅60cm（奥行き15cm）のテープに囲まれた場所に積み上げる。

※４人グループで行う。
※スポンジを置けるのは１人。
※複数で同時にスポンジを置けない。
※１回に１個のスポンジを置く。

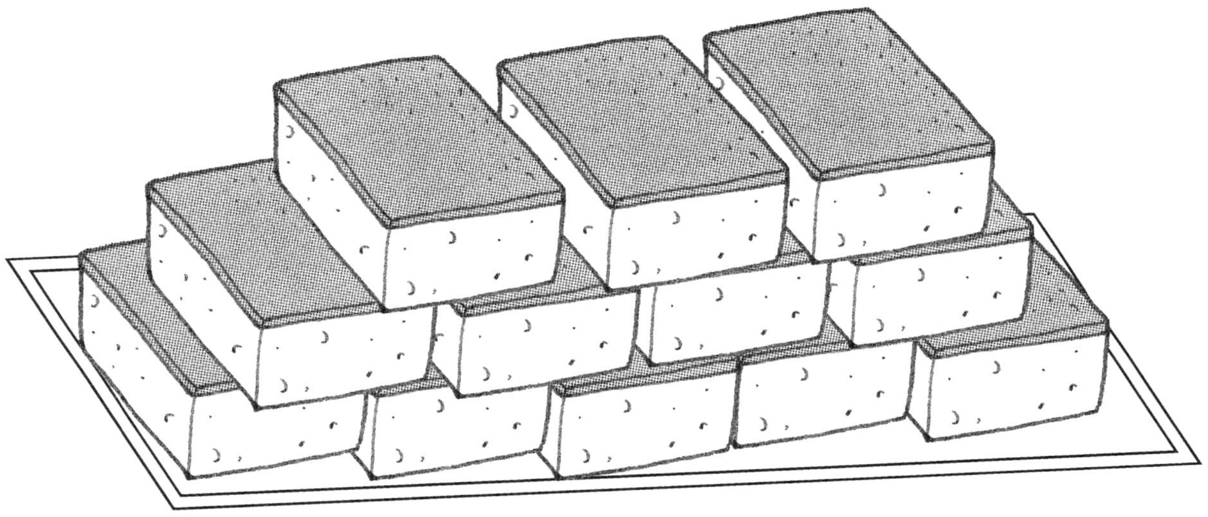

問題１６

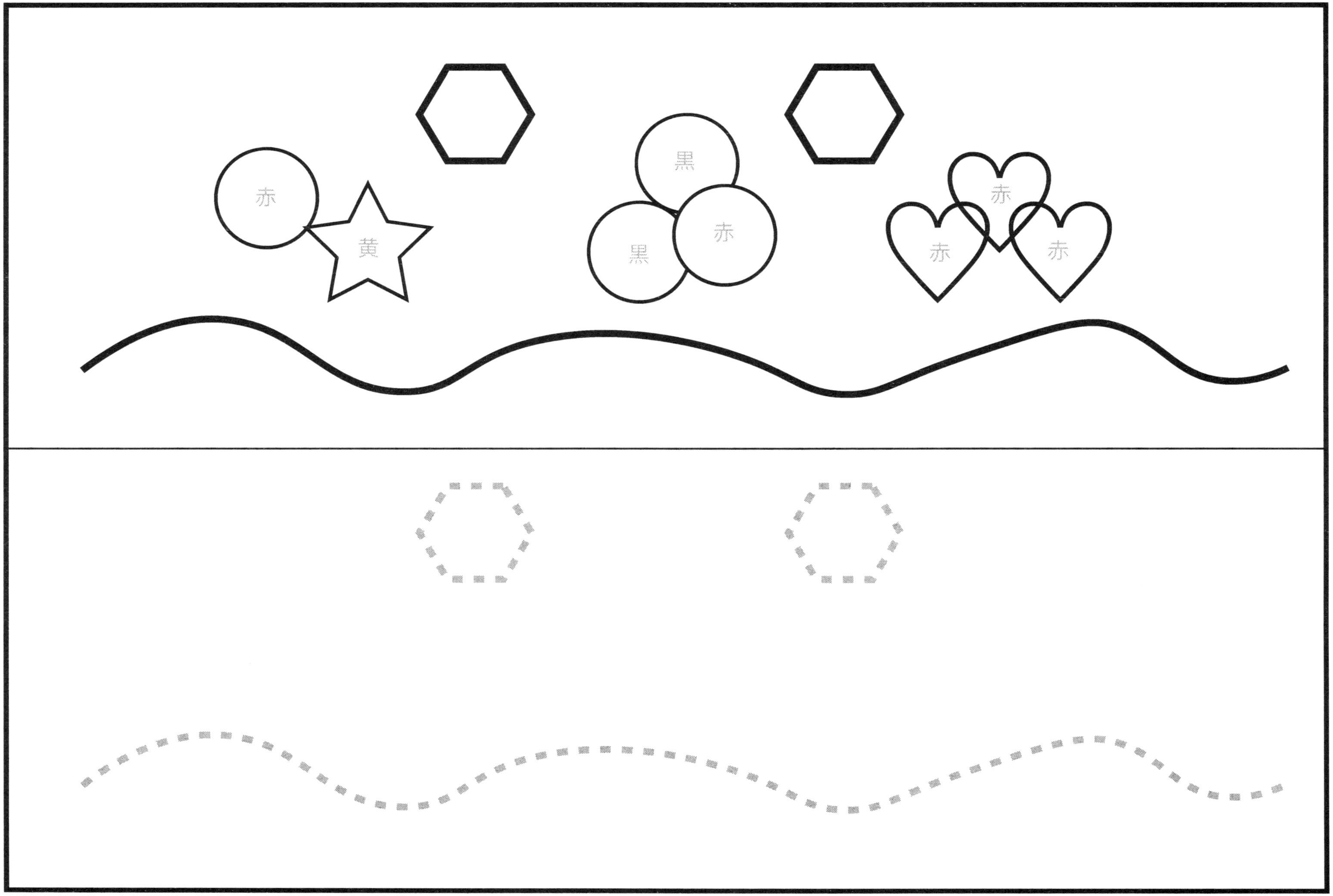

問題18

①

②

③

④

日本学習図書株式会社

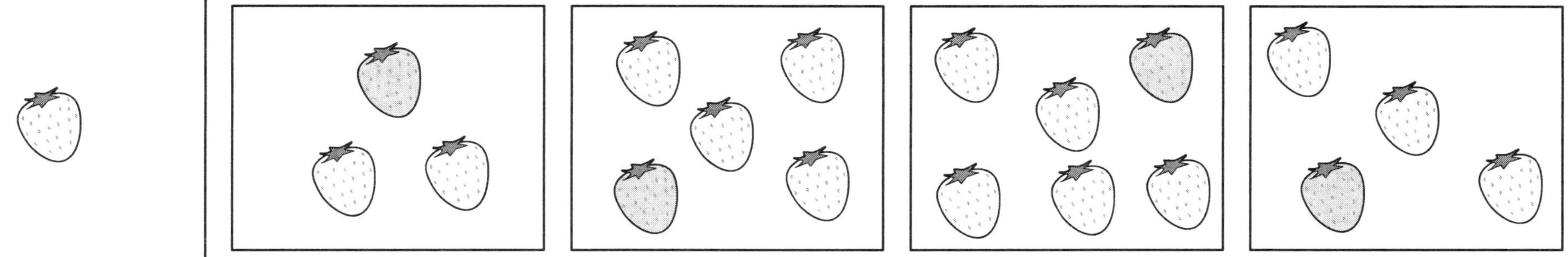

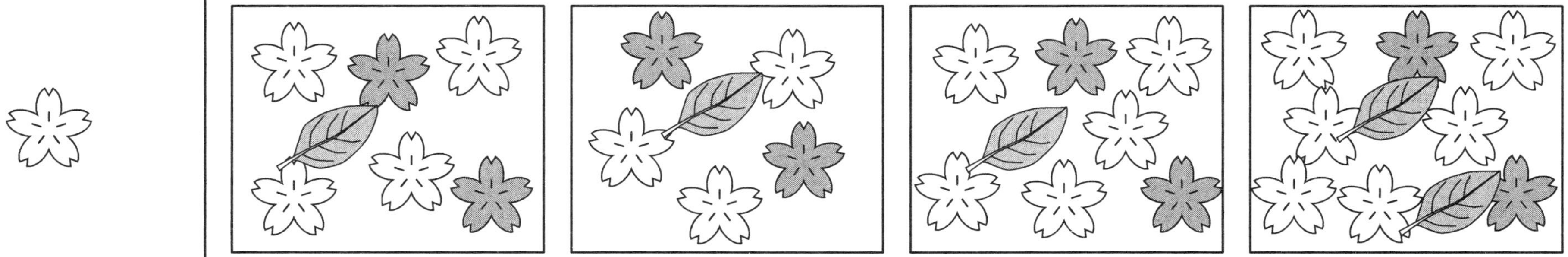

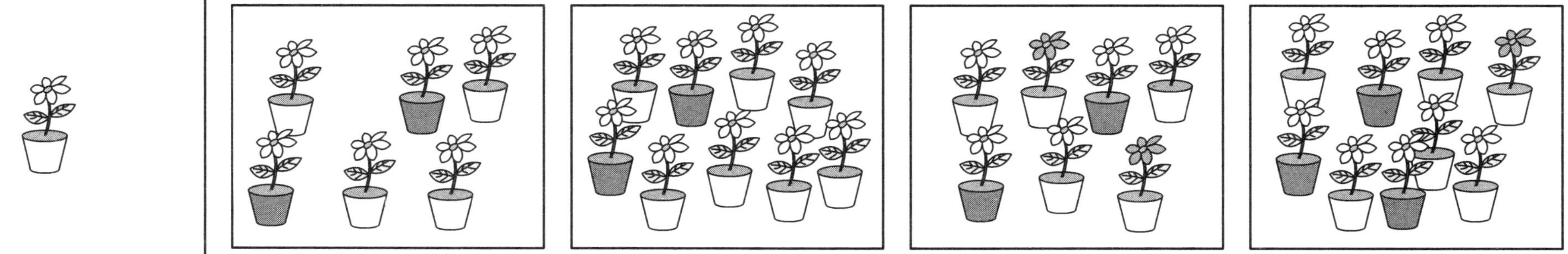

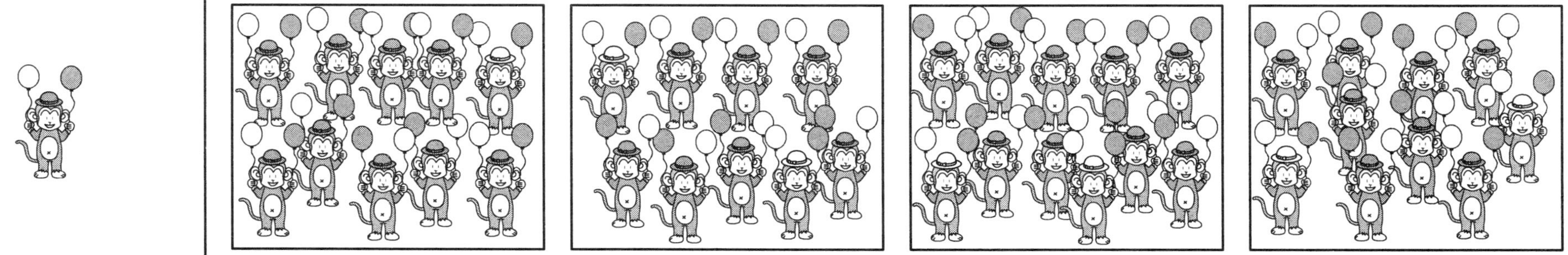

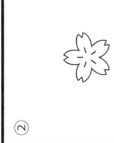

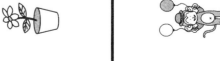

2022 年度 埼玉大学附属 過去 無断複製／転載を禁ずる 日本学習図書株式会社

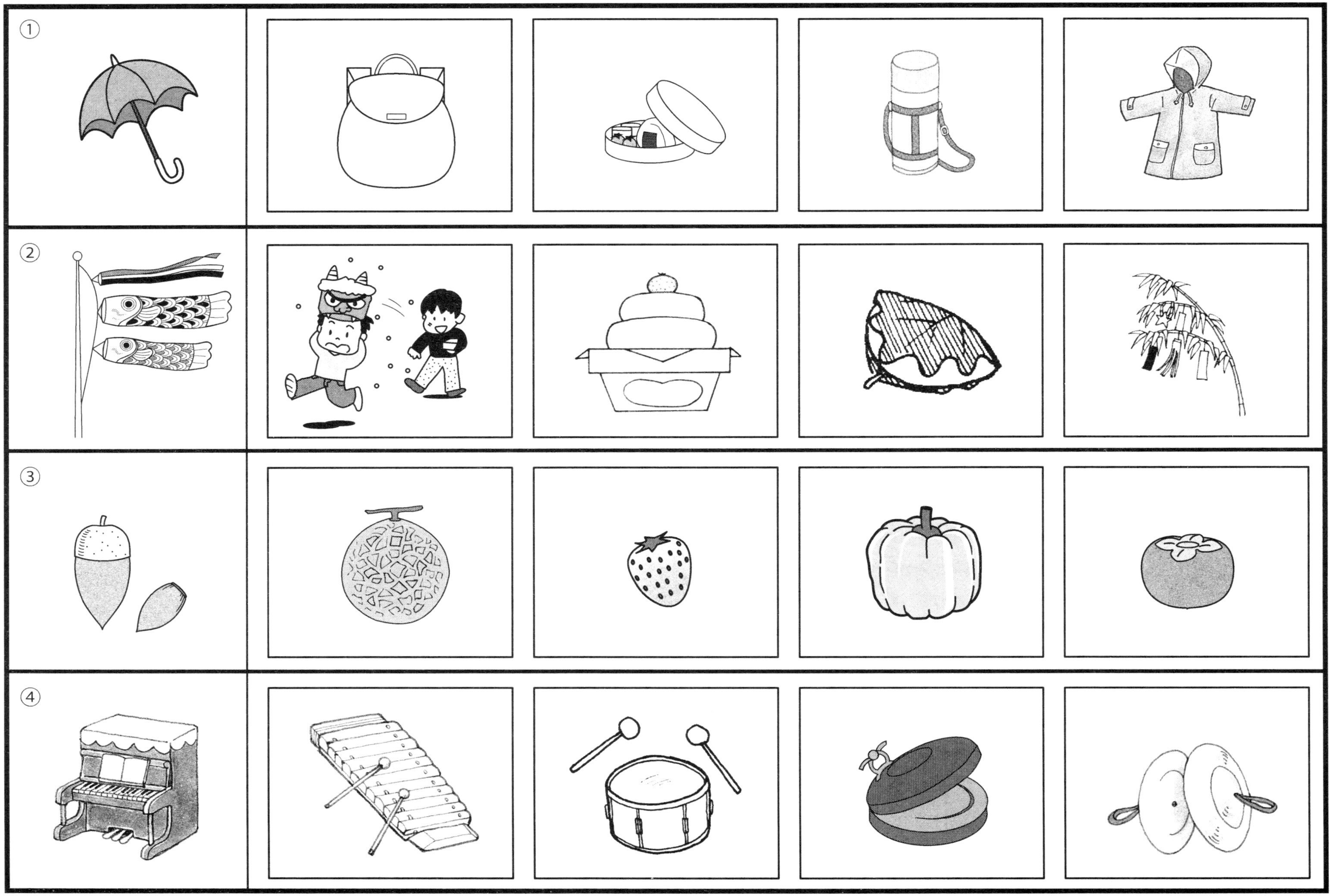

問題２１

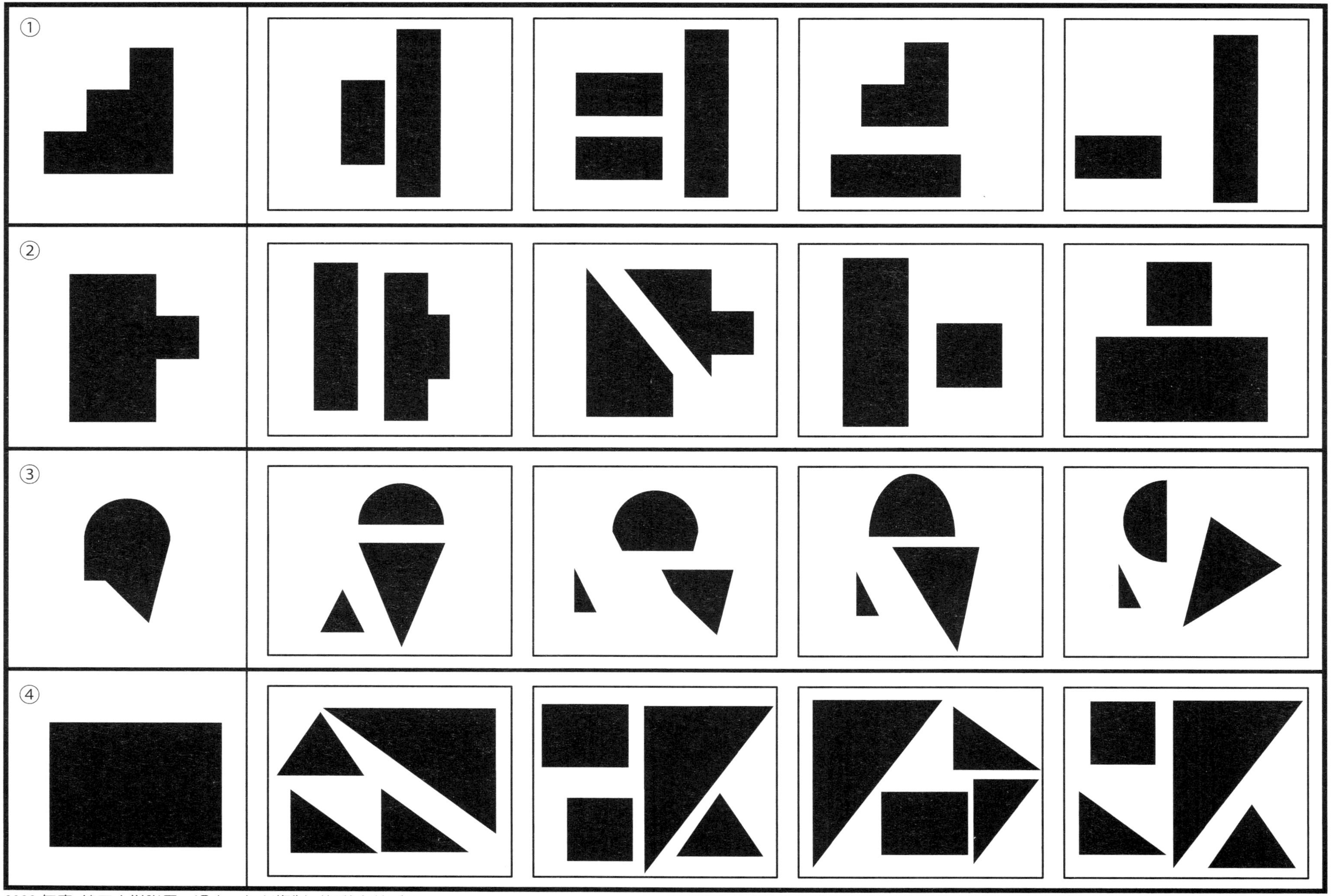

問題２２－１

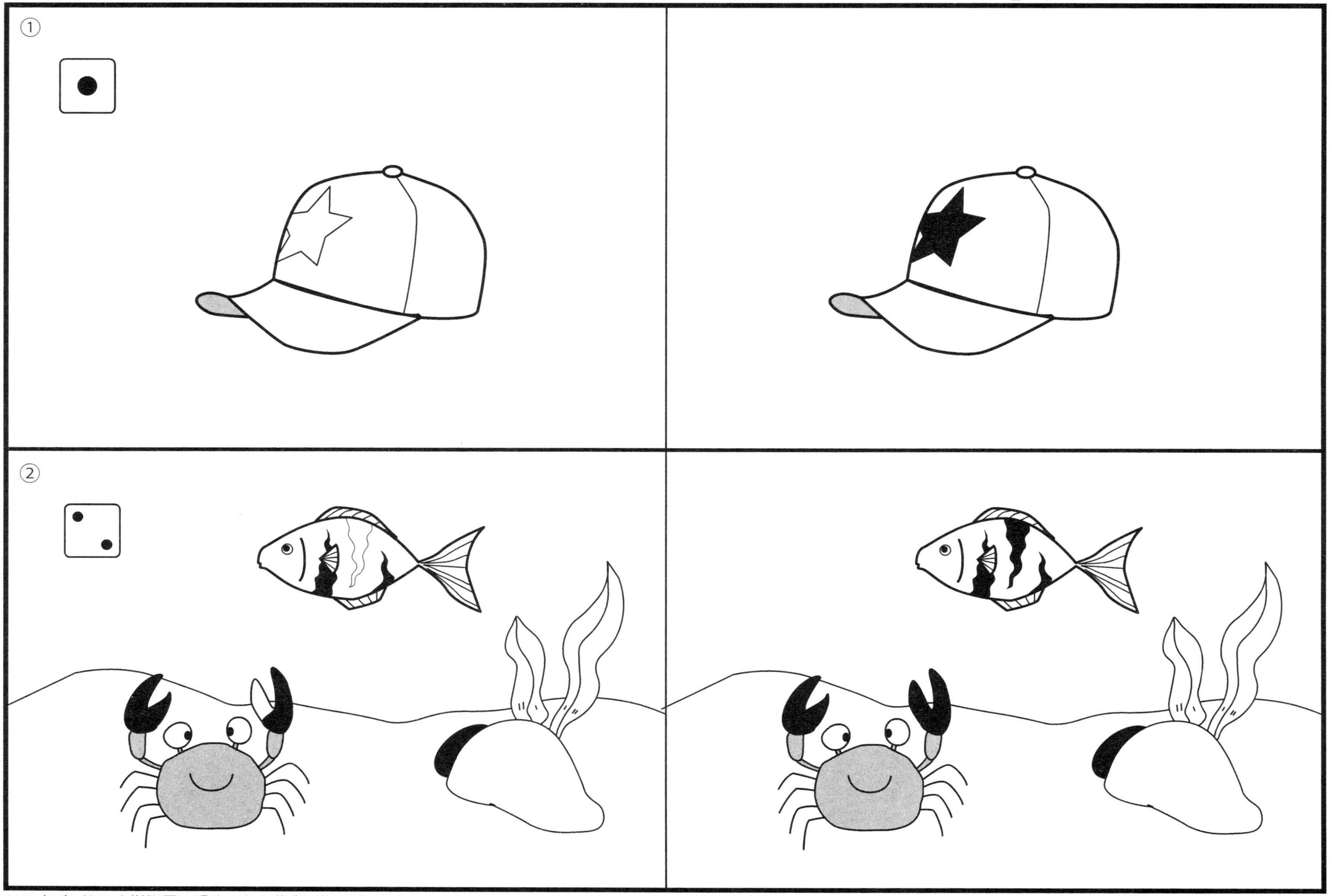
①
②

2022 年度 埼玉大学附属 過去 無断複製／転載を禁ずる 日本学習図書株式会社

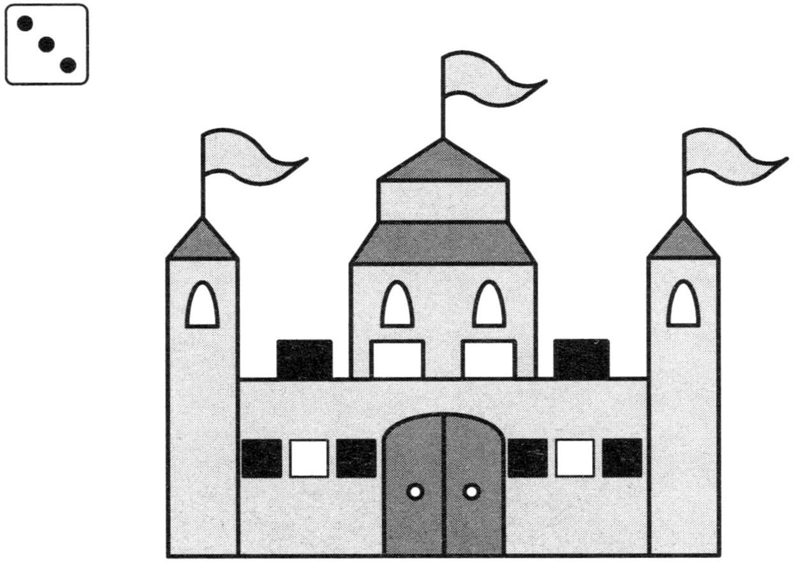

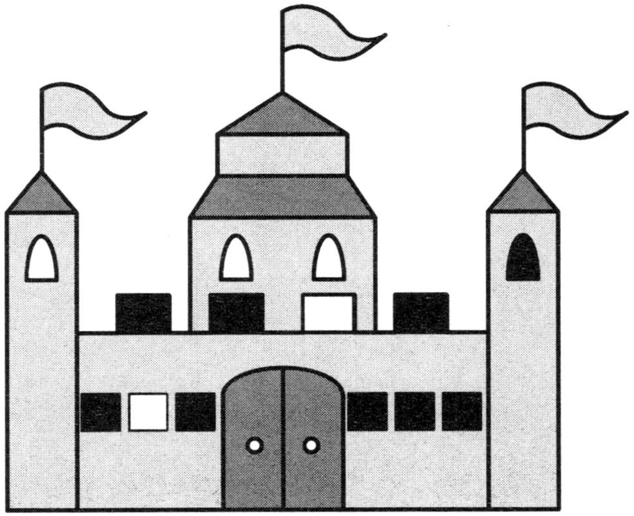

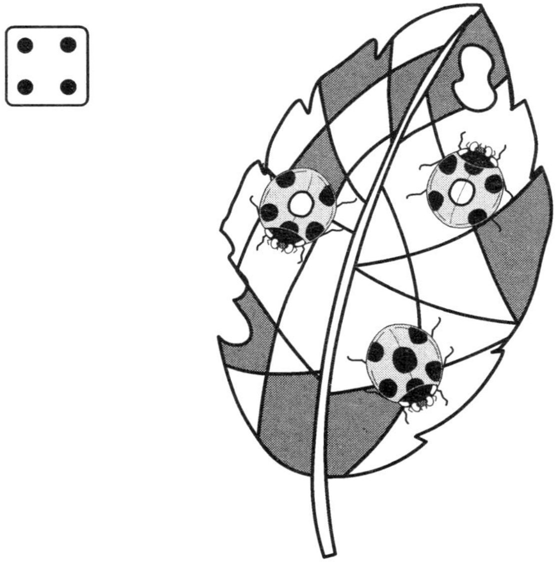

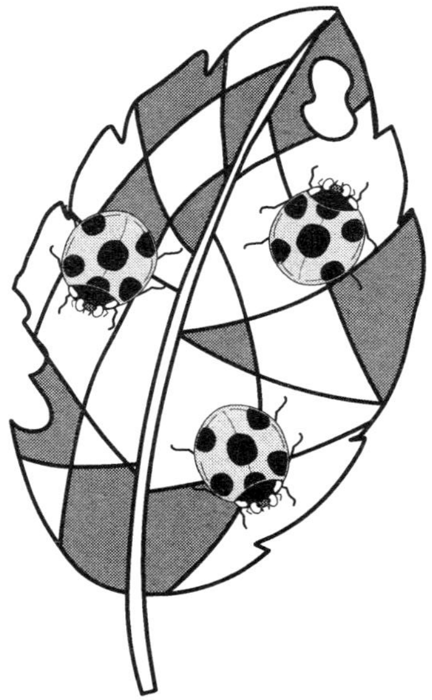

スタート／ゴール

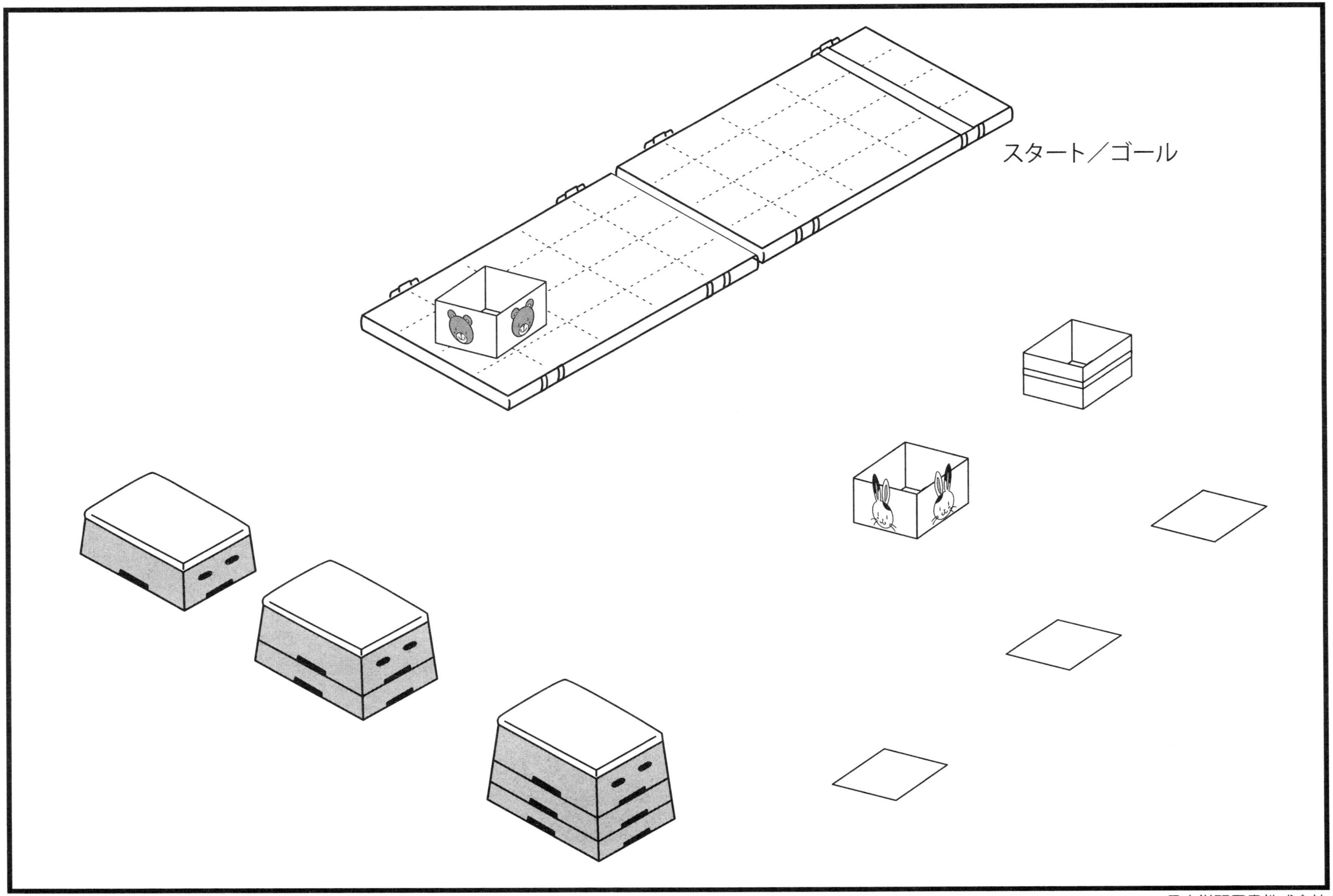

問題24

問題 2 5 － 1

赤	青	黄色	青	黄色	青	黄色

赤

赤

青　黄色

青　黄色

赤

赤

青　黄色

青　黄色

赤

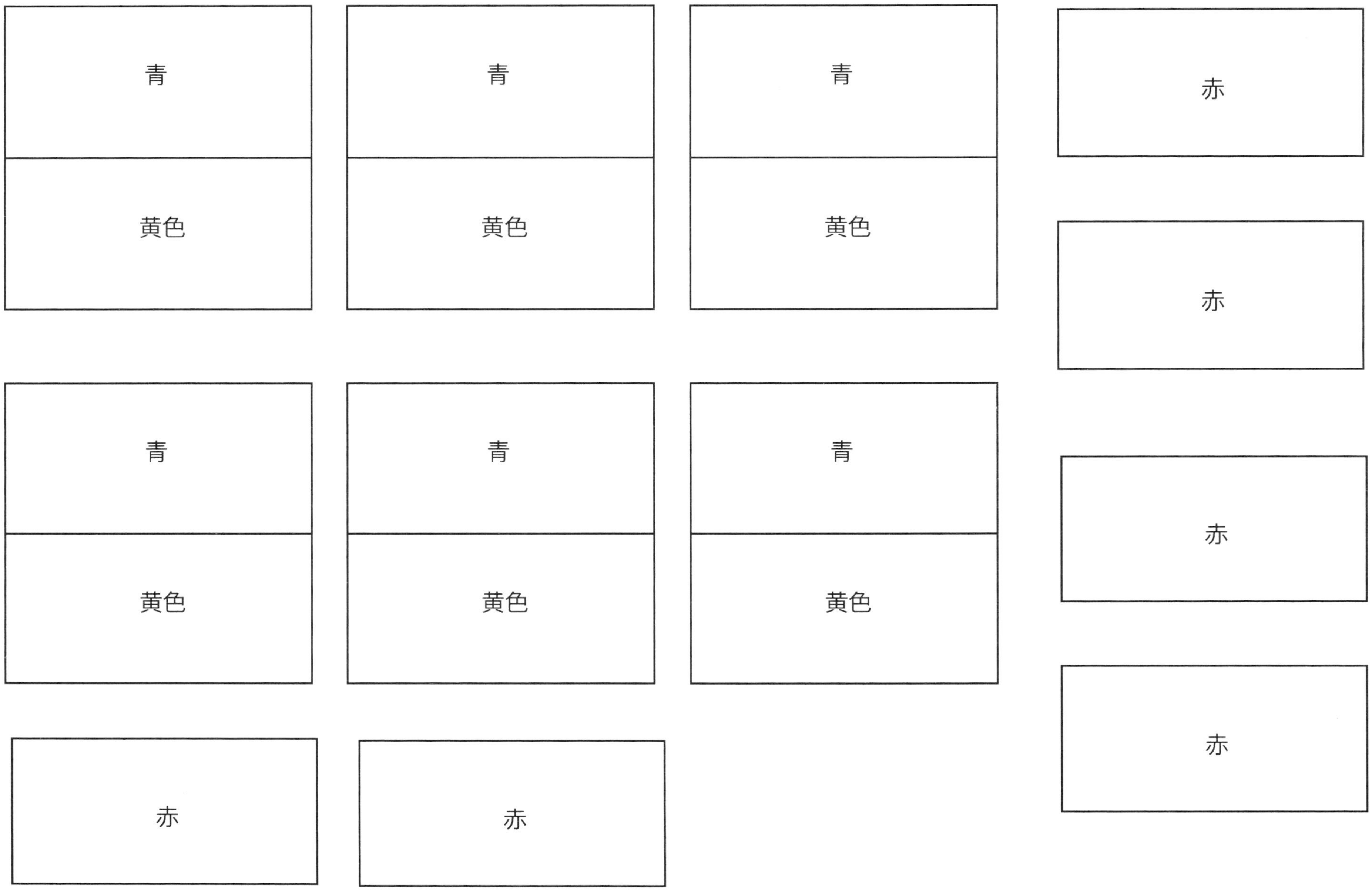

問題25－2

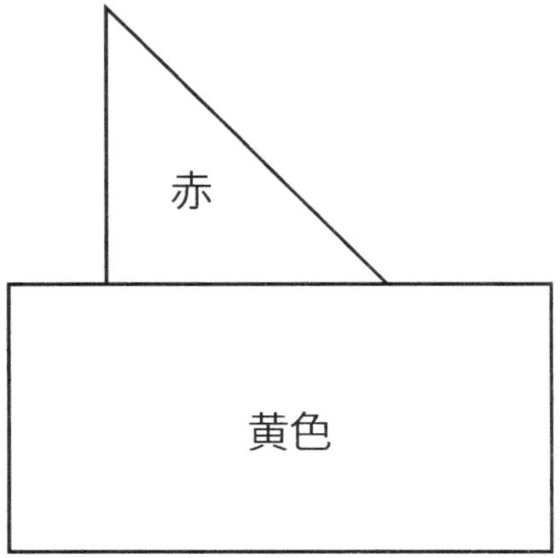

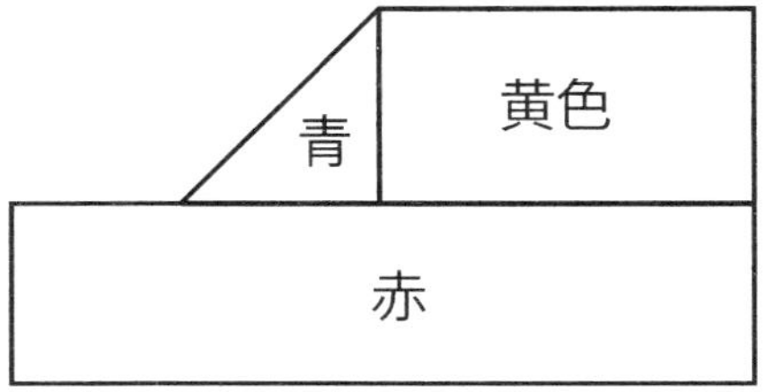

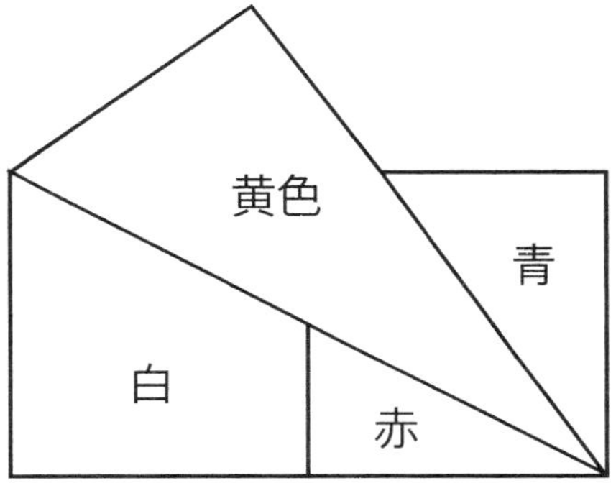

問題２５－３

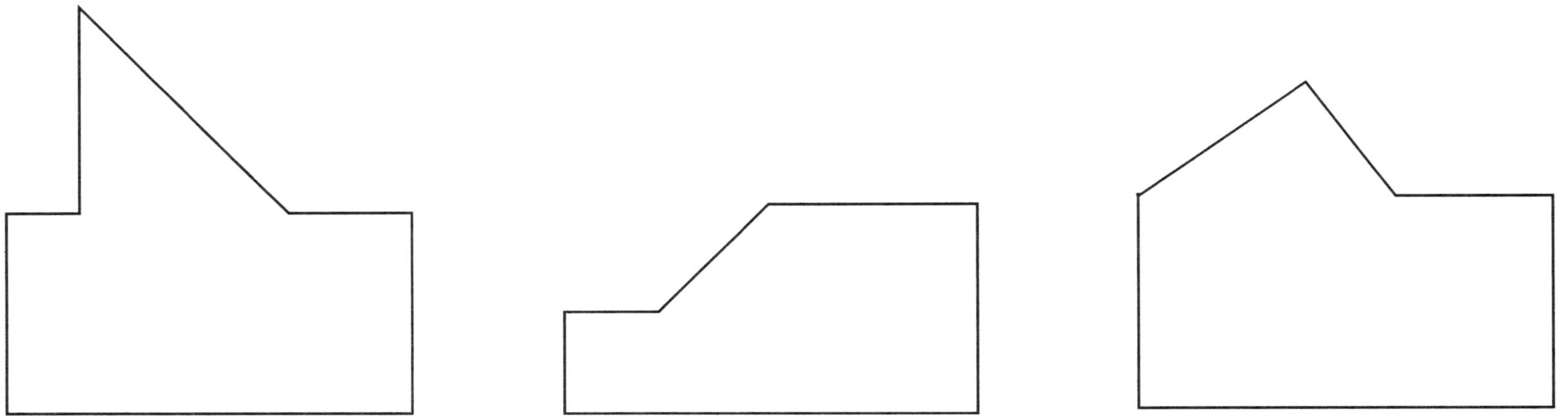

問題２６

問題２７

日本学習図書株式会社

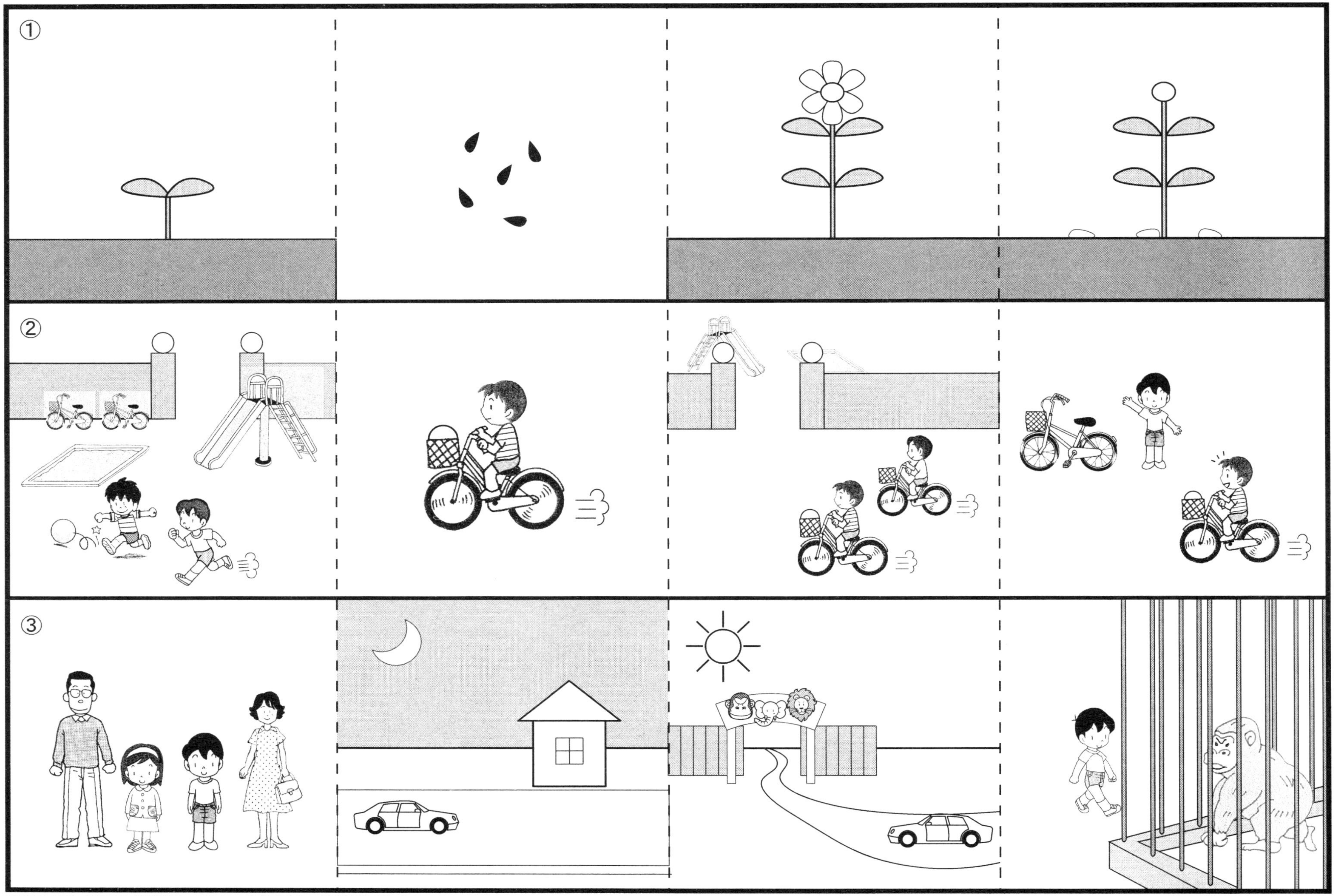

2022 年度　埼玉大学附属　過去　無断複製／転載を禁ずる　日本学習図書株式会社

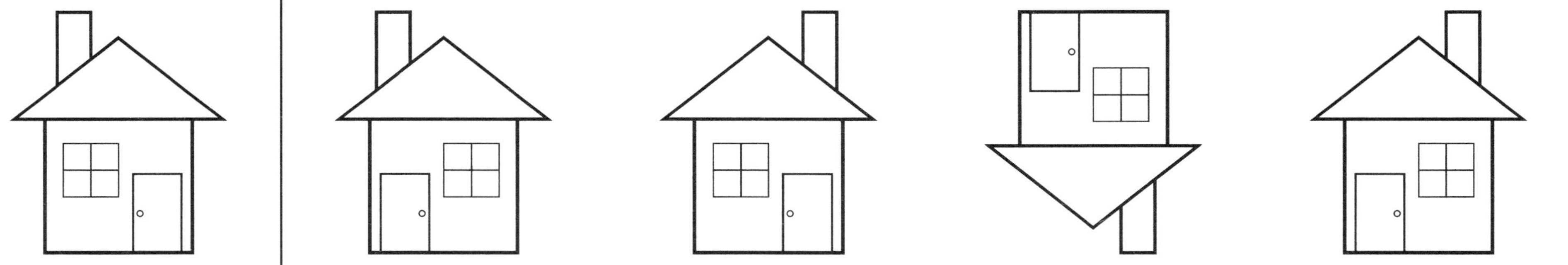

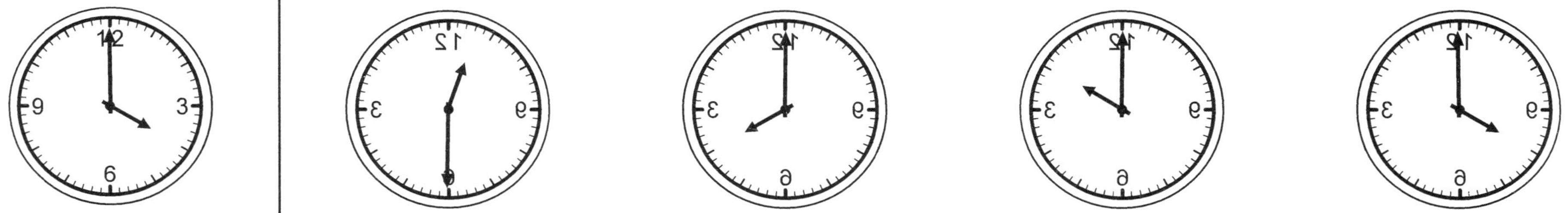

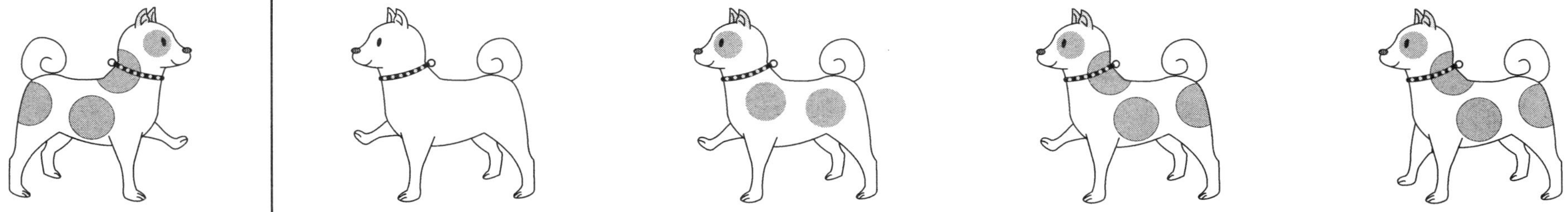

問題２９

①

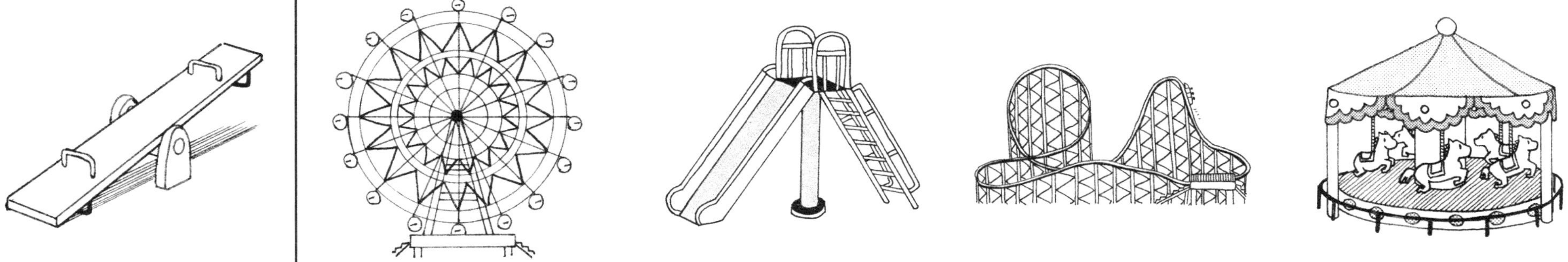

②

③

日本学習図書株式会社

問題３０－１

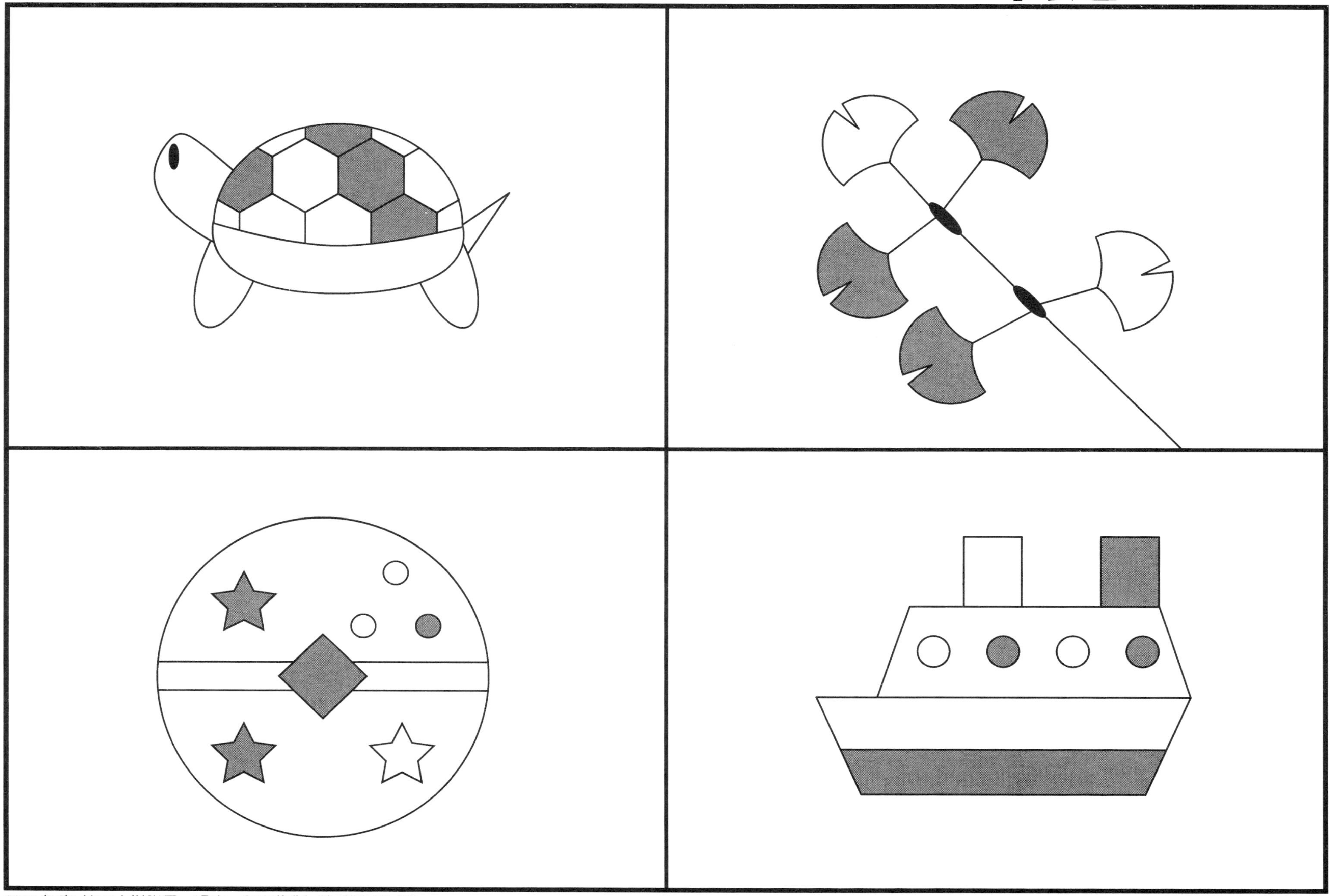

問題３０－２

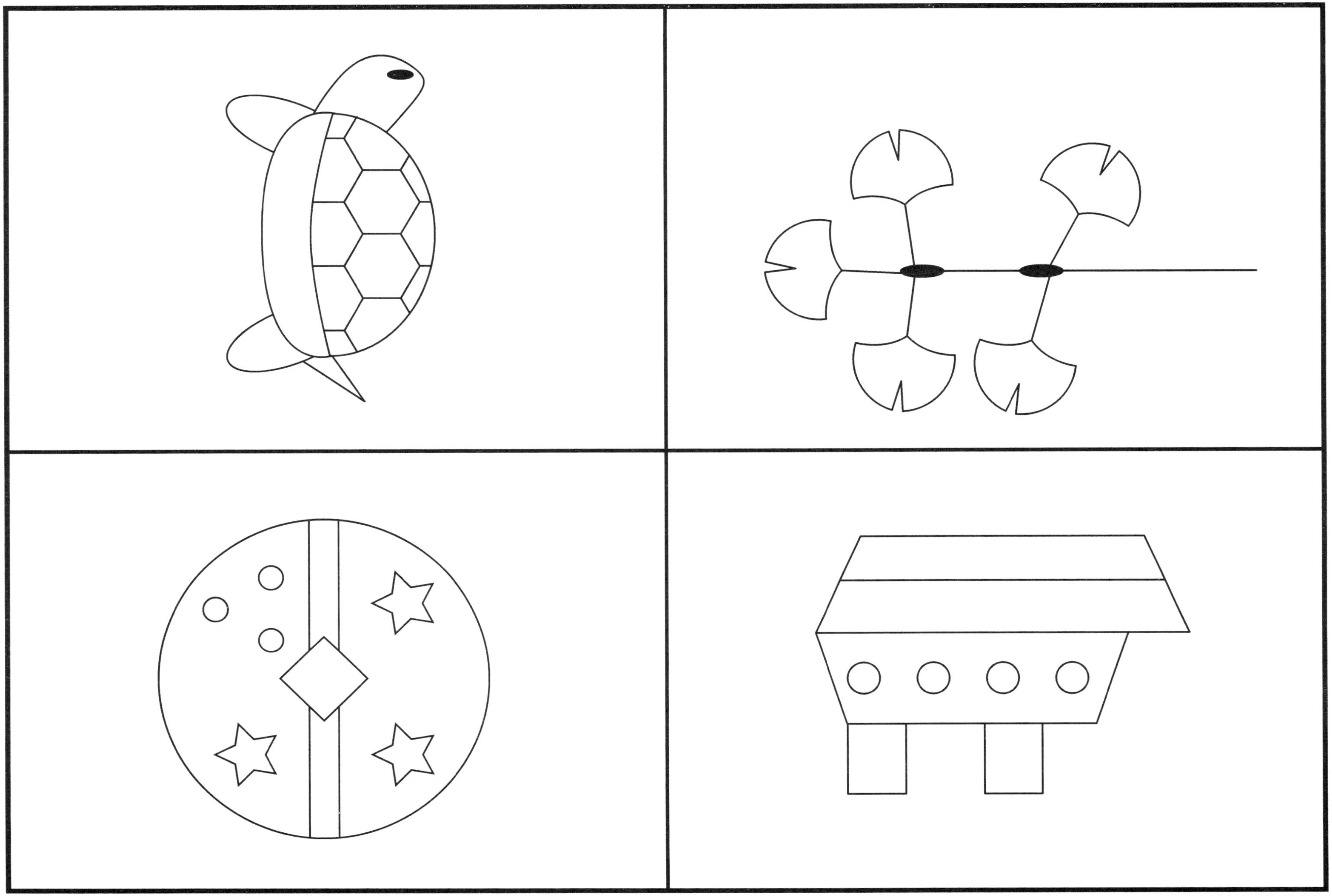

問題31－1

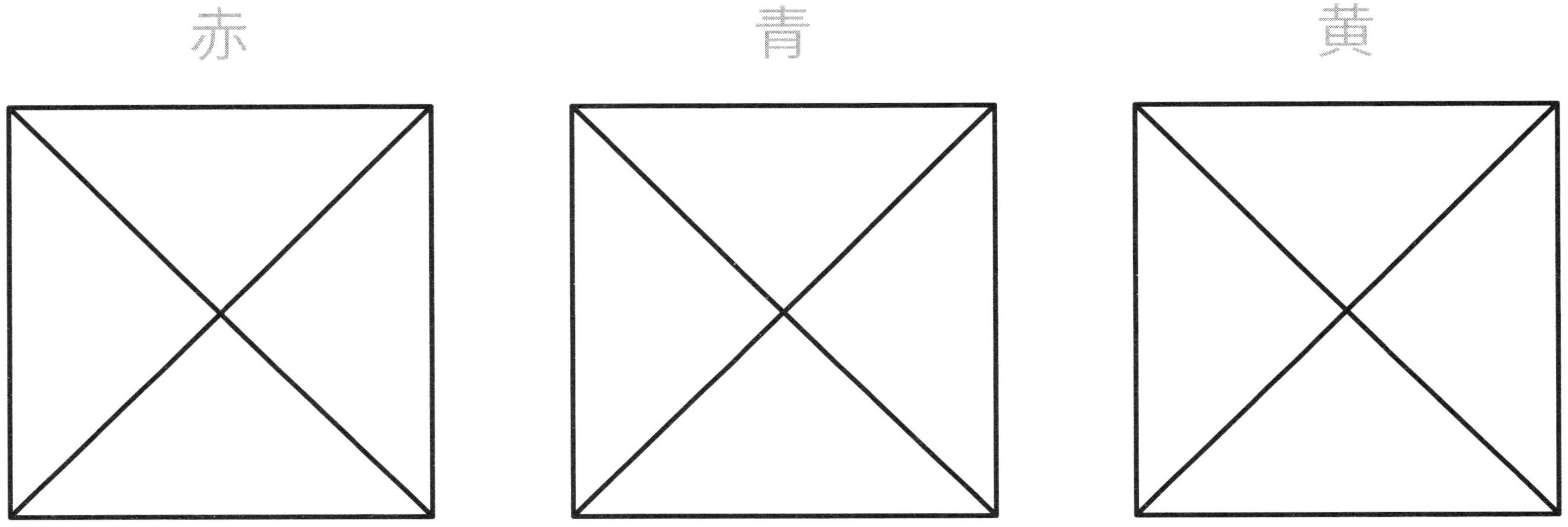

問題31－2

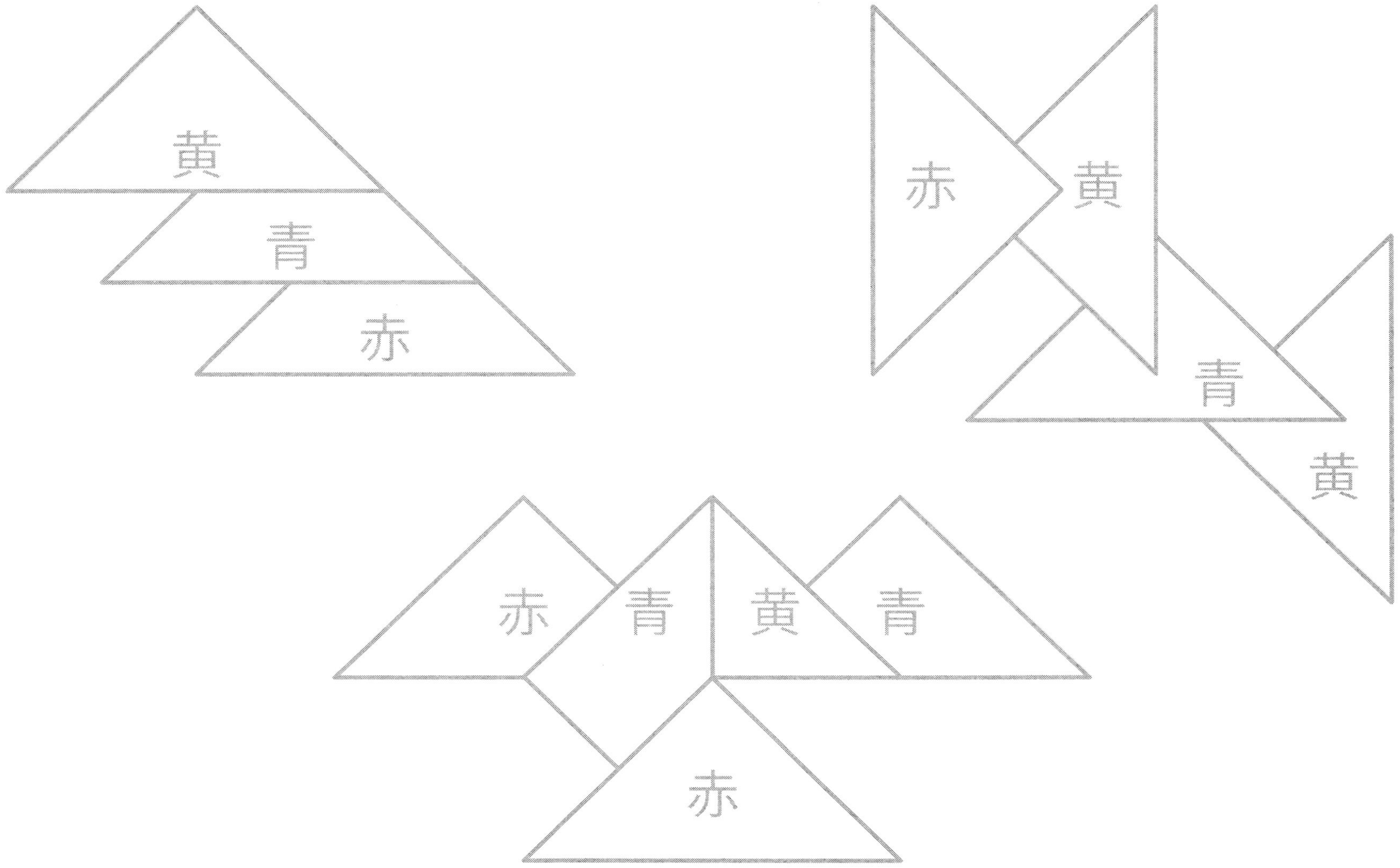

問題31－3

問題32

◆課題1

①黄色のテープを貼ったダンボールの所を走って回る

②クマが描かれたダンボールを走って1周する

③ゴールでカードを受け取る

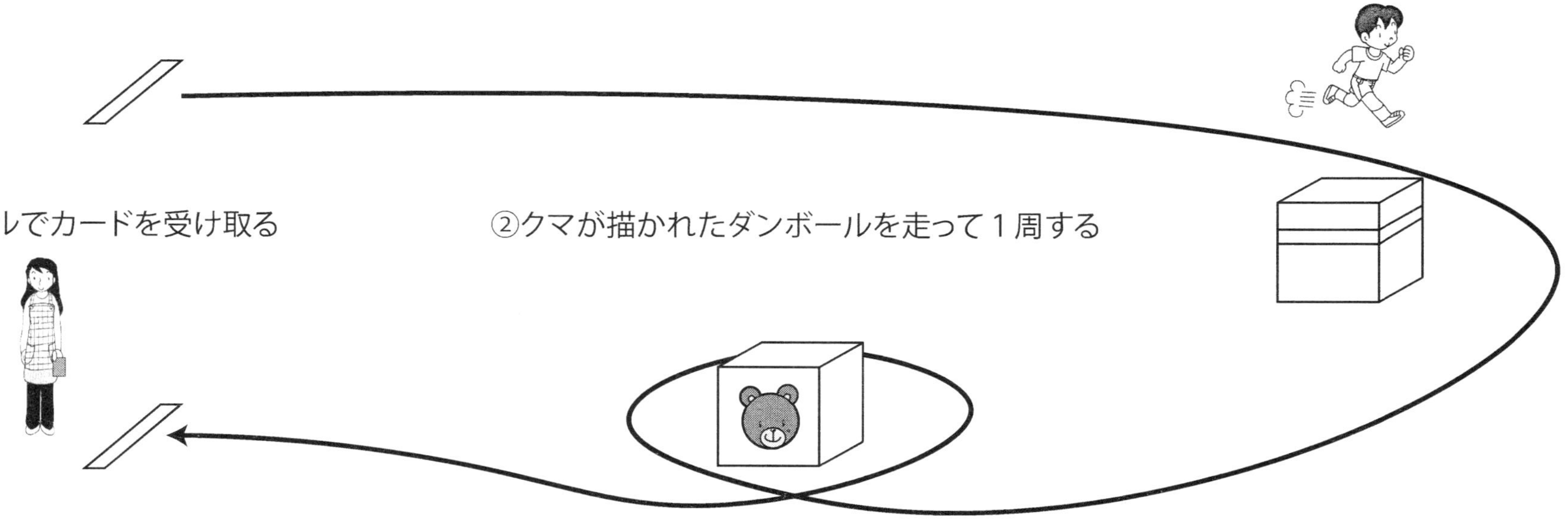

◆課題2

④カードを机の上に置く

⑤平均台の上をクマ歩き

⑥白いポールのゴムは跳び、青いポールのゴムはくぐる

⑦白、黄、赤の順番で両足跳び

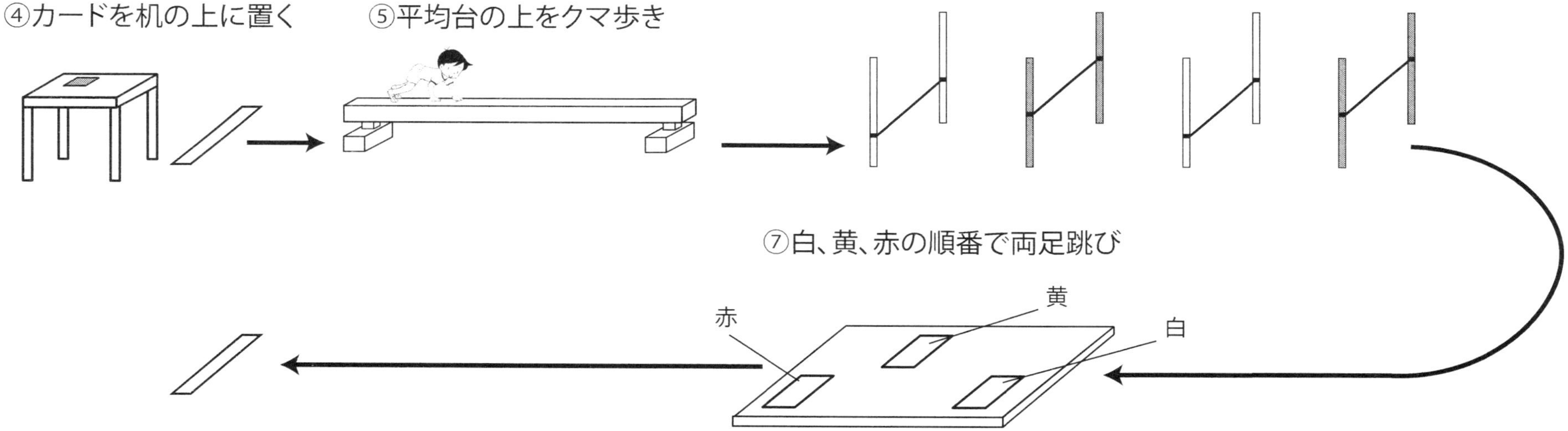

問題３３

①

②

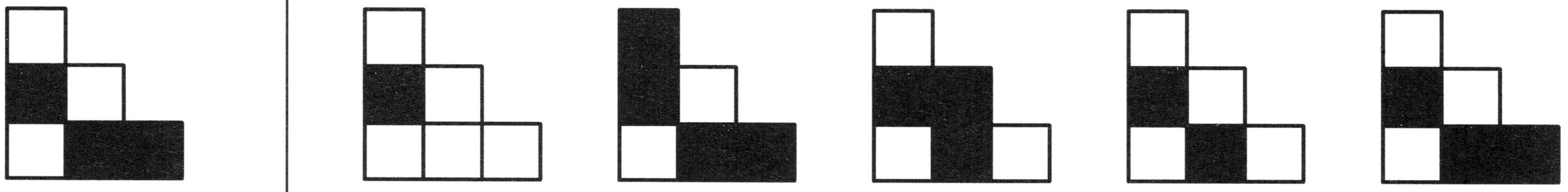

③

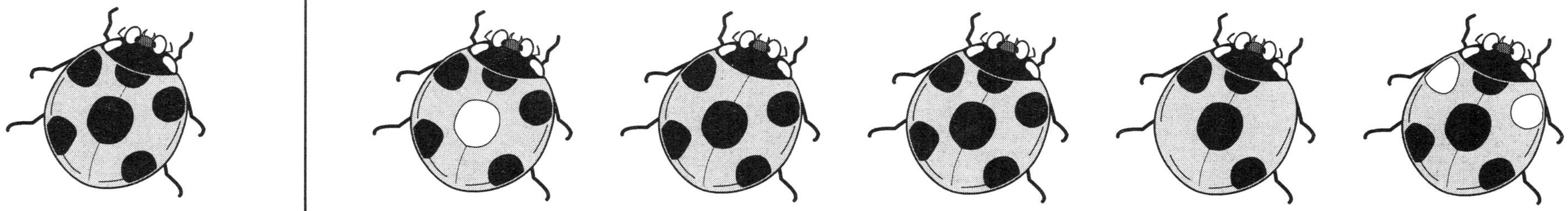

①②

2022年度 埼玉大学附属 過去 無断複製／転載を禁ずる 日本学習図書株式会社

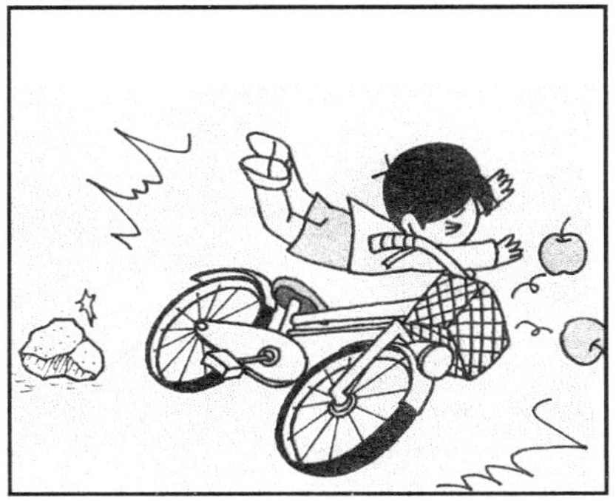

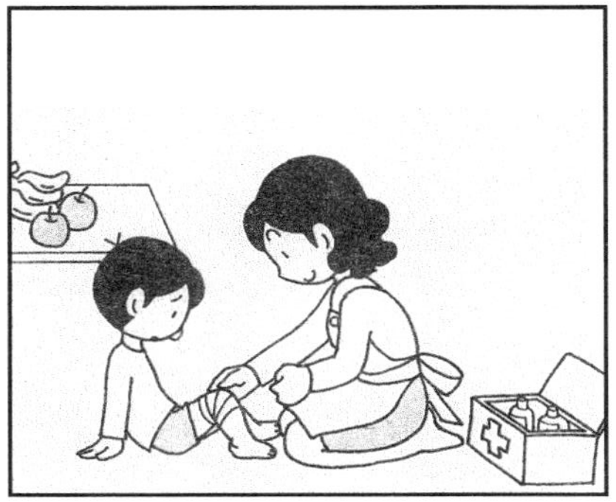

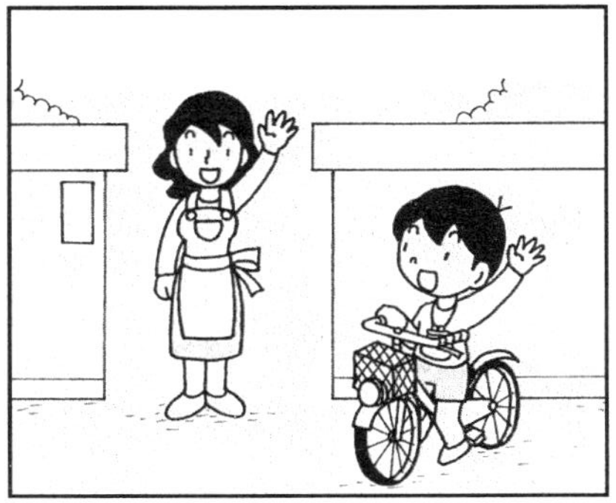

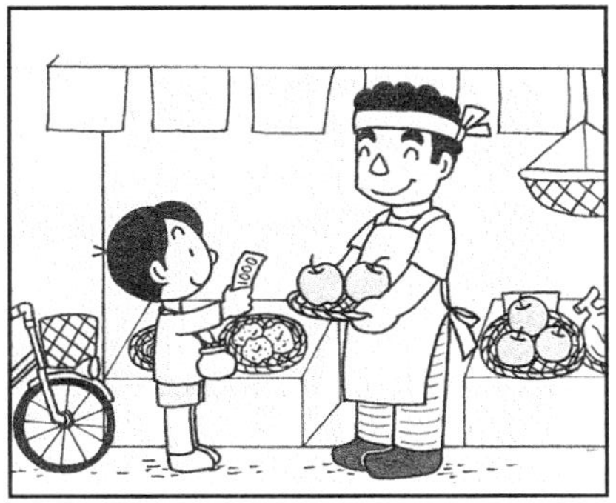

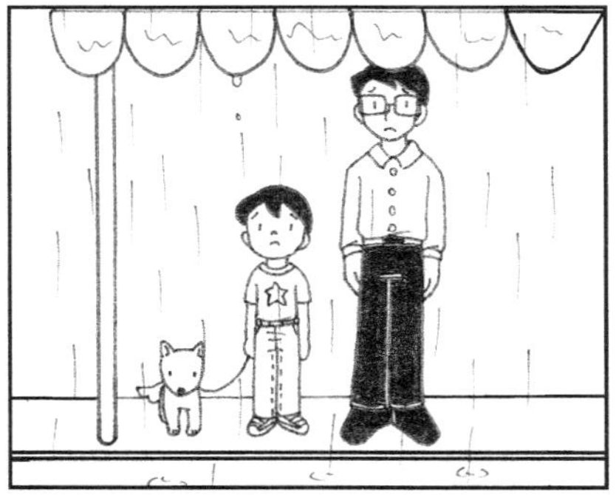

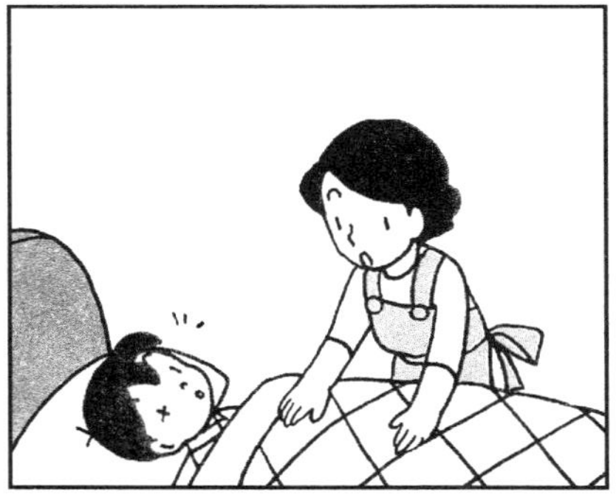

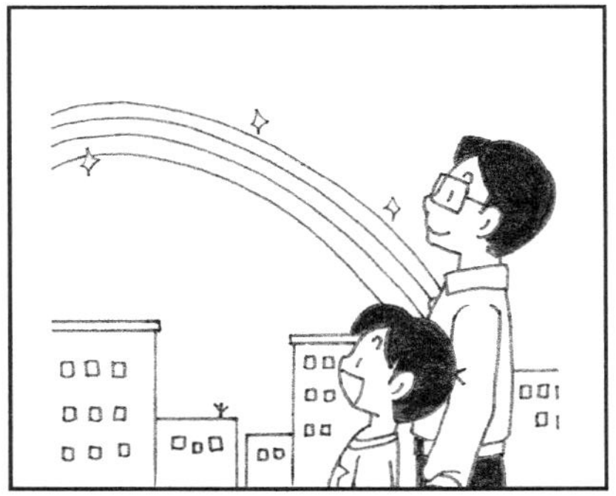

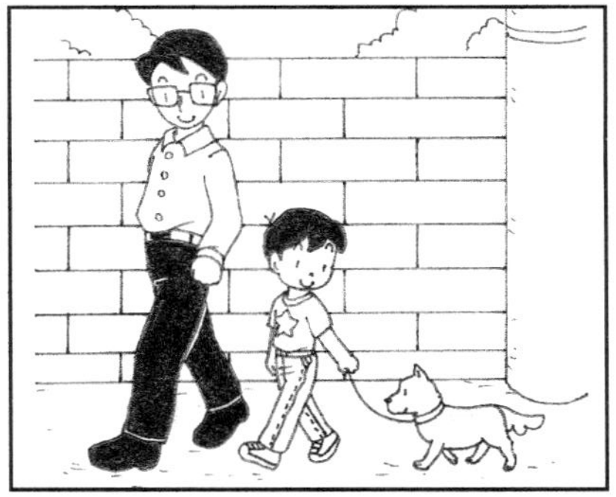

2022年度 埼玉大学附属 過去 無断複製／転載を禁ずる 日本学習図書株式会社

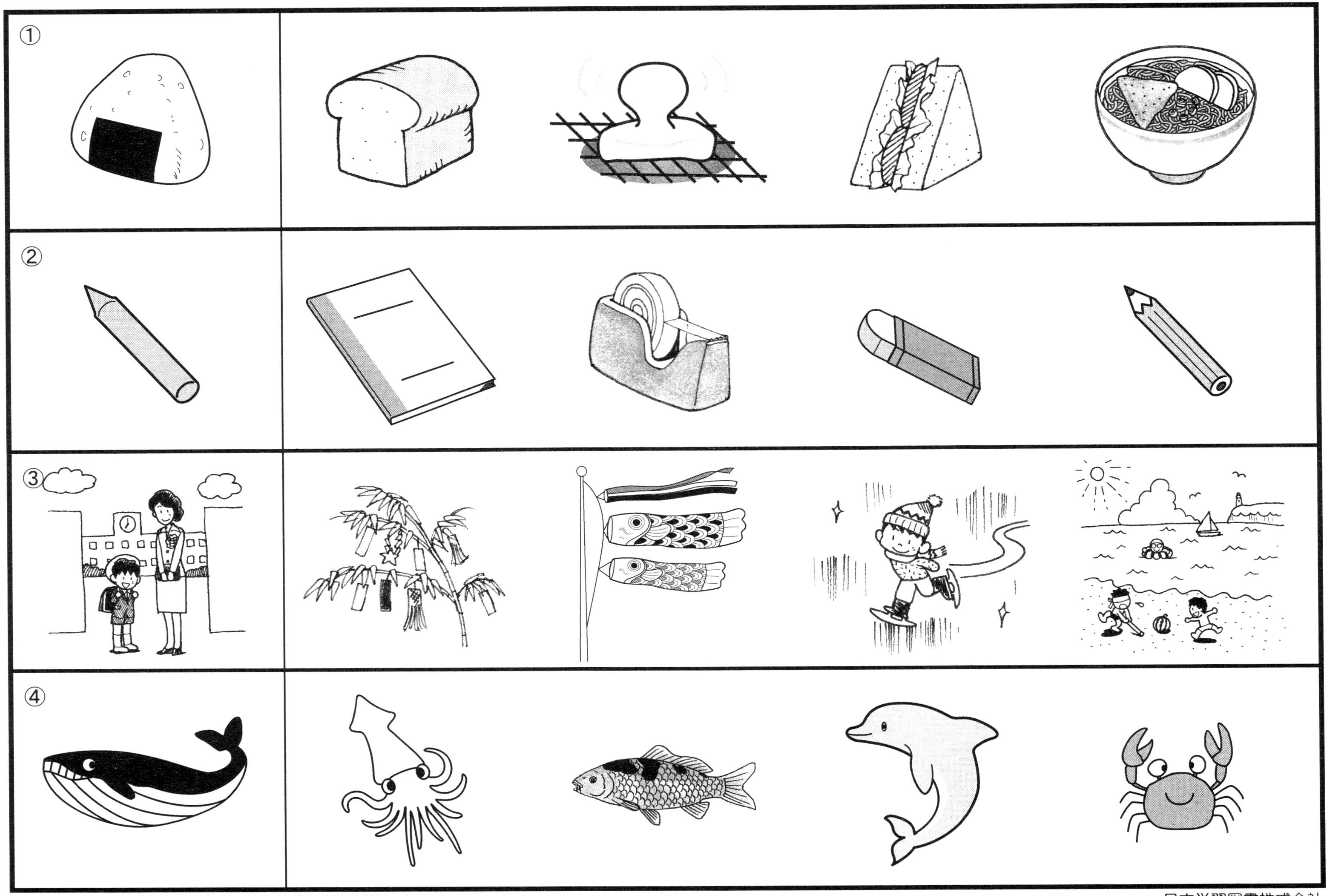

問題36

①

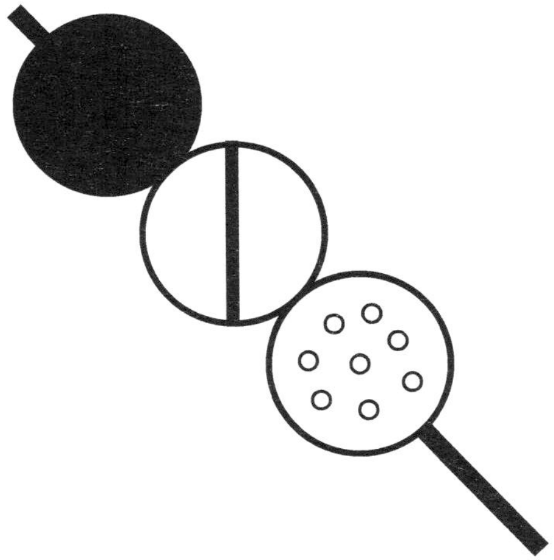

②

問題３ ７

円形の布（直径1m）でゴムボールを弾き、
上に設置してある鈴に当てるゲーム

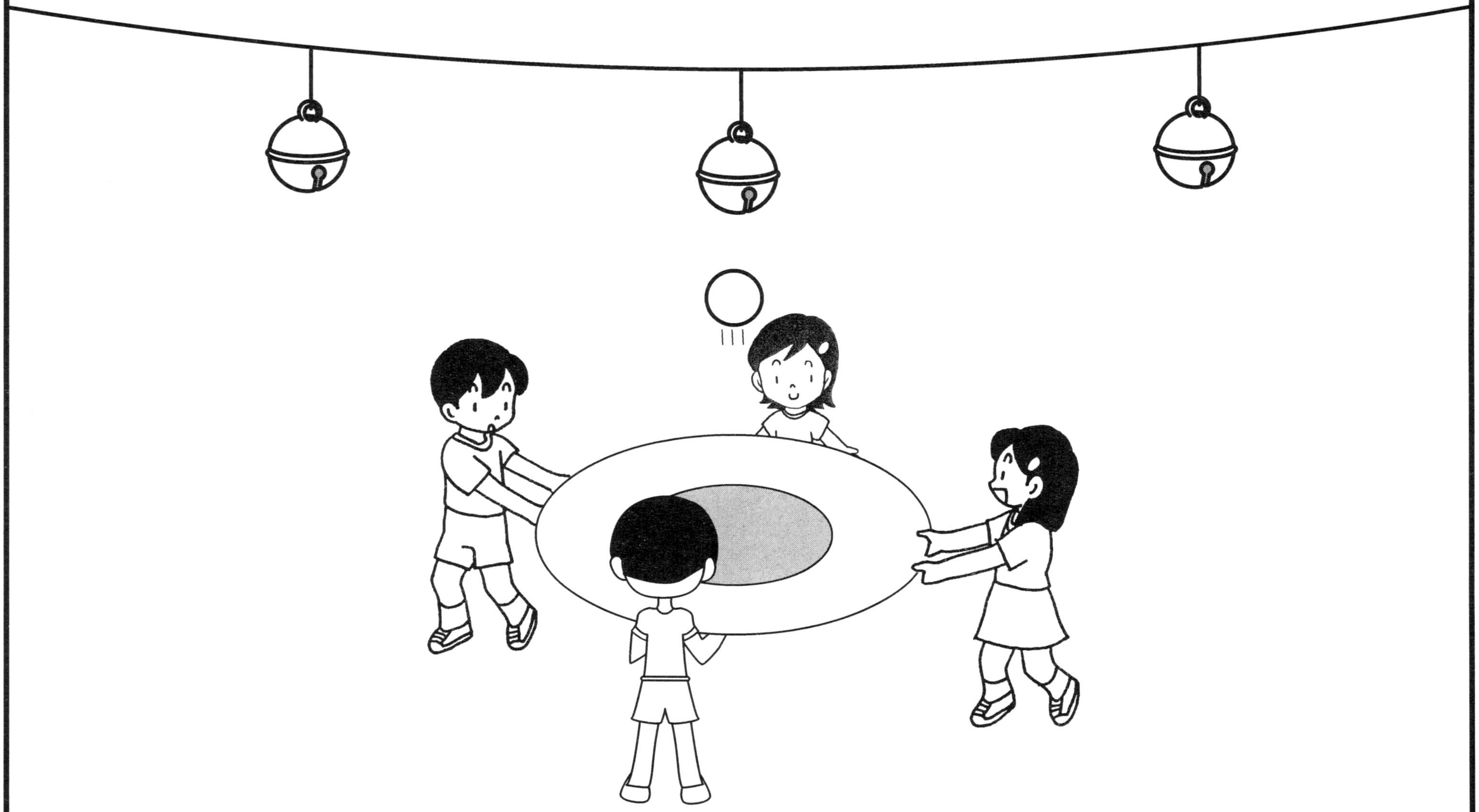

問題３８

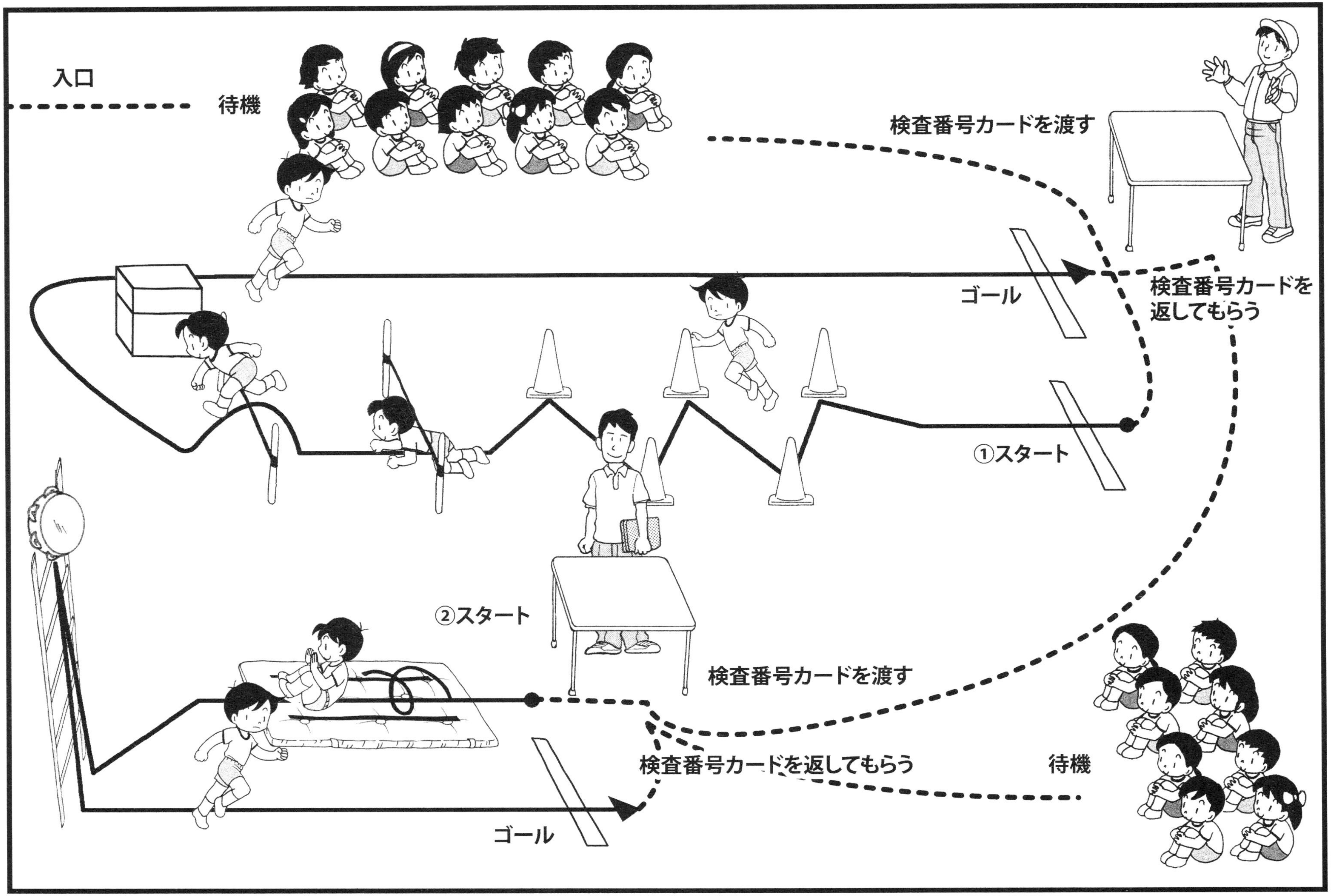
入口
待機
検査番号カードを渡す
検査番号カードを
返してもらう
ゴール
①スタート
②スタート
検査番号カードを渡す
検査番号カードを返してもらう
待機
ゴール

問題３９－１

(切り取り線)

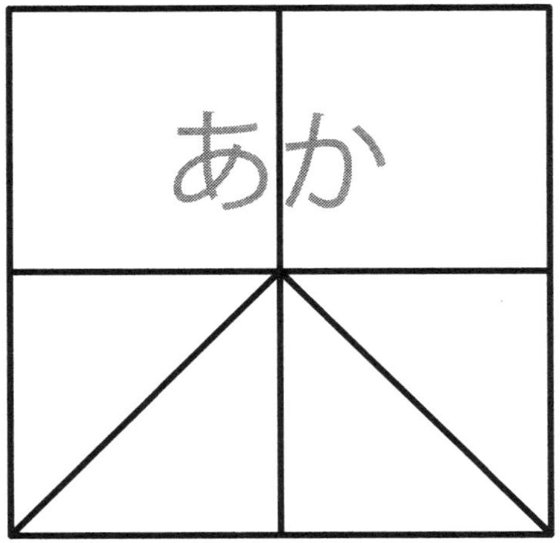

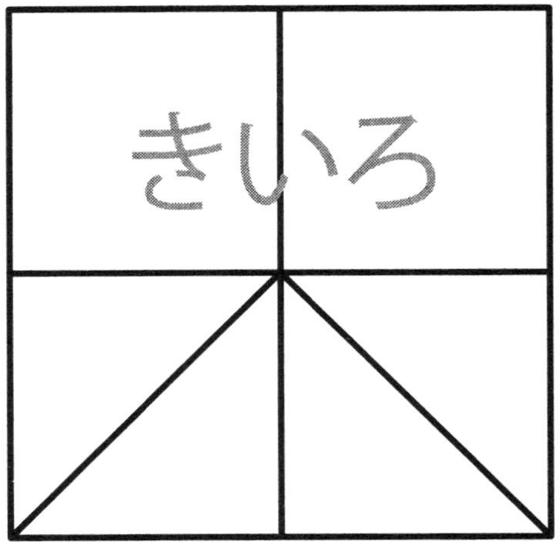

(切り取り線)

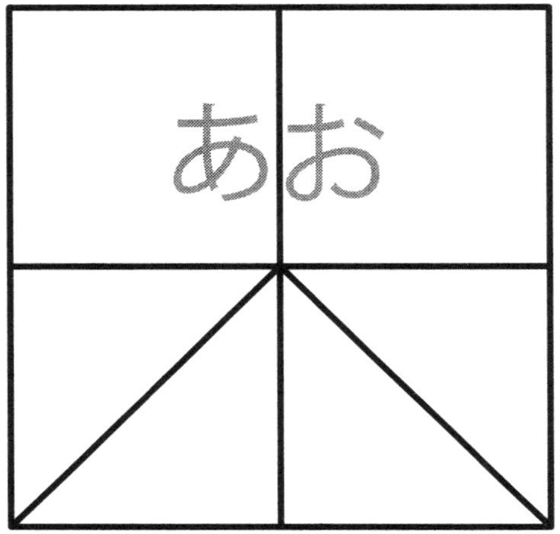

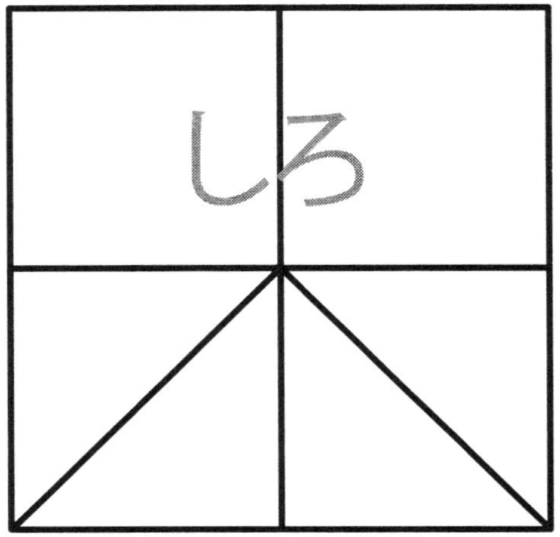

あお

あか

きいろ

あか　　あお

あお　きいろ

しろ

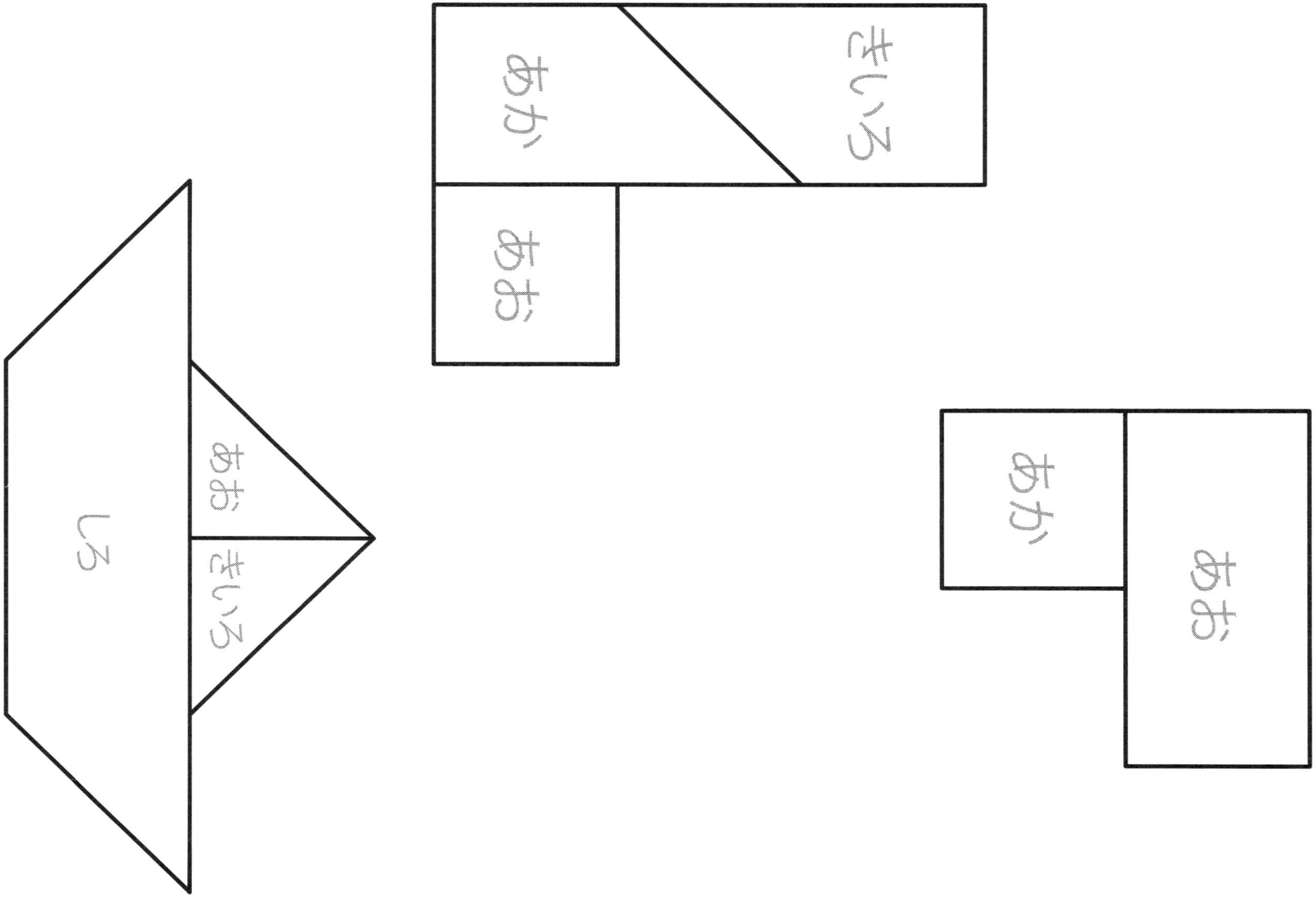

問題39－3

問題４０

①

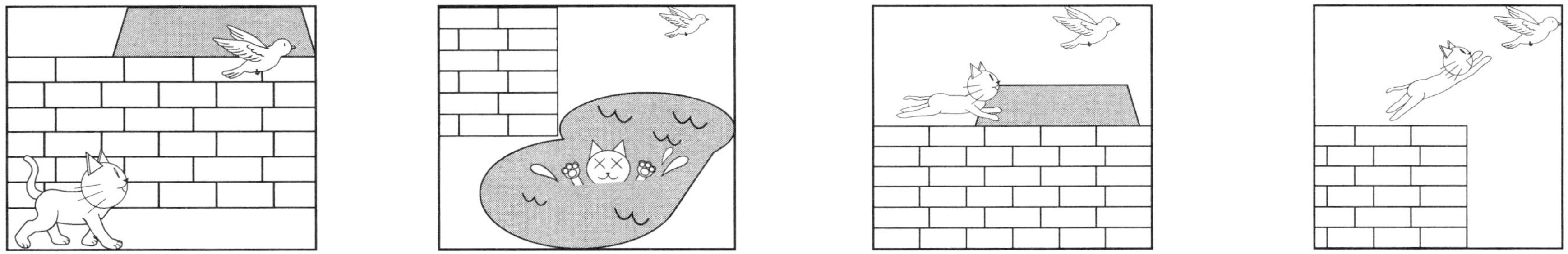

②

③

④

問題４１

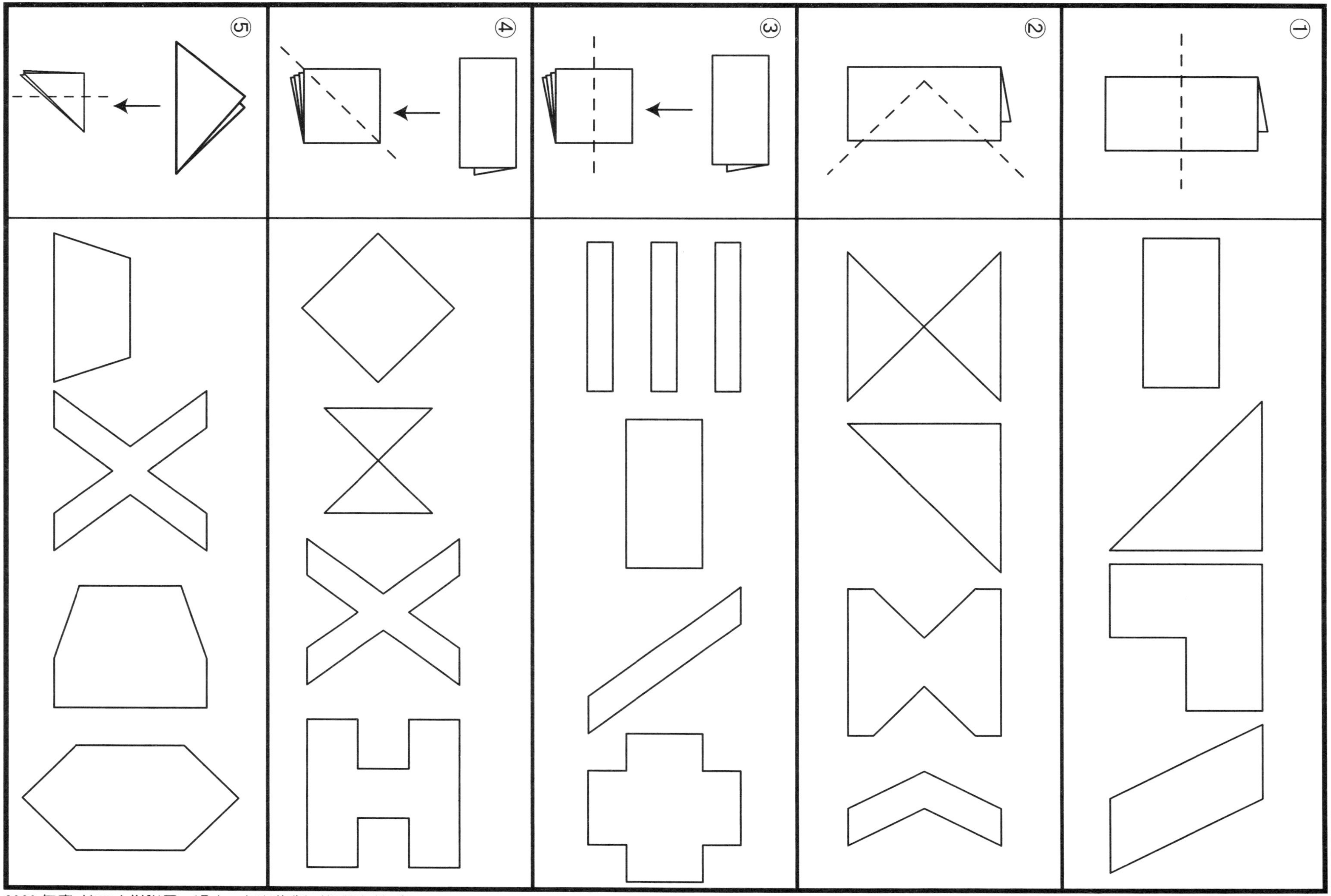

問題４２

①

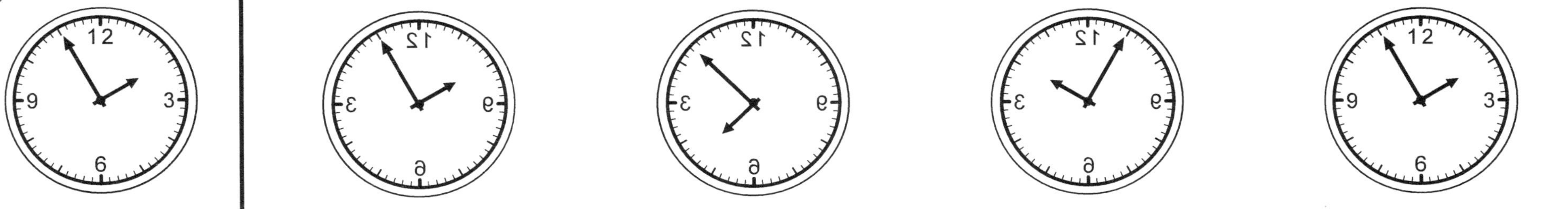

②

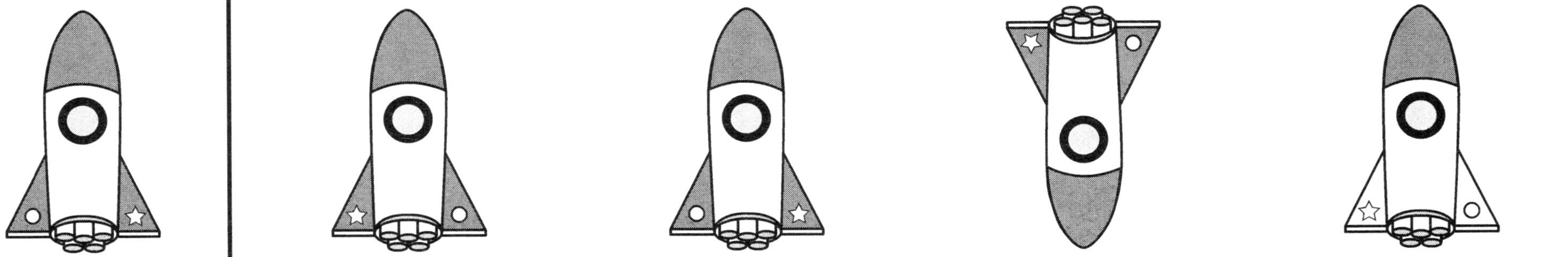

③

④

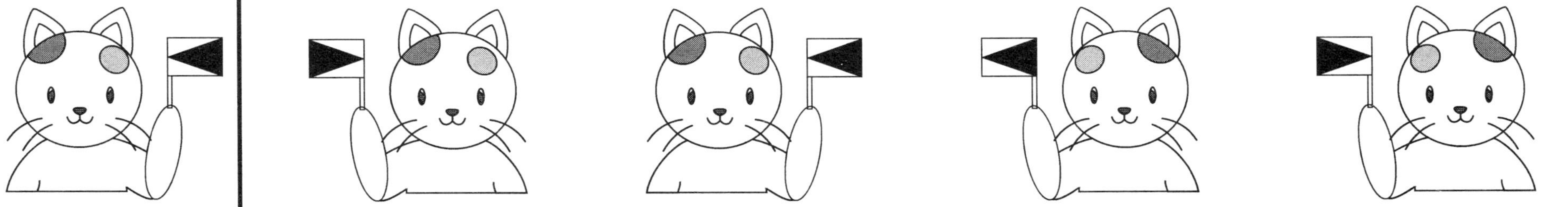

日本学習図書株式会社

問題４３－１

①

②

③

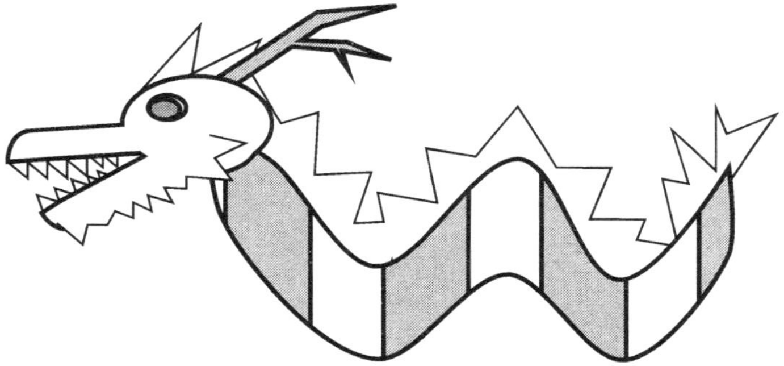

④

問題４ ３－２

①

②

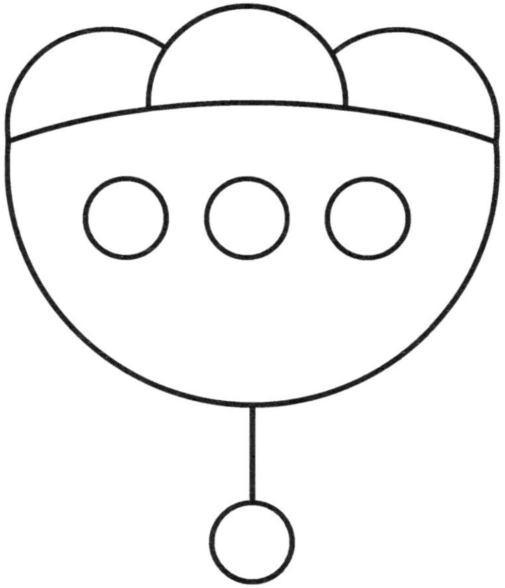

③

④

問題４４

できるだけ高く紙コップを積み上げる

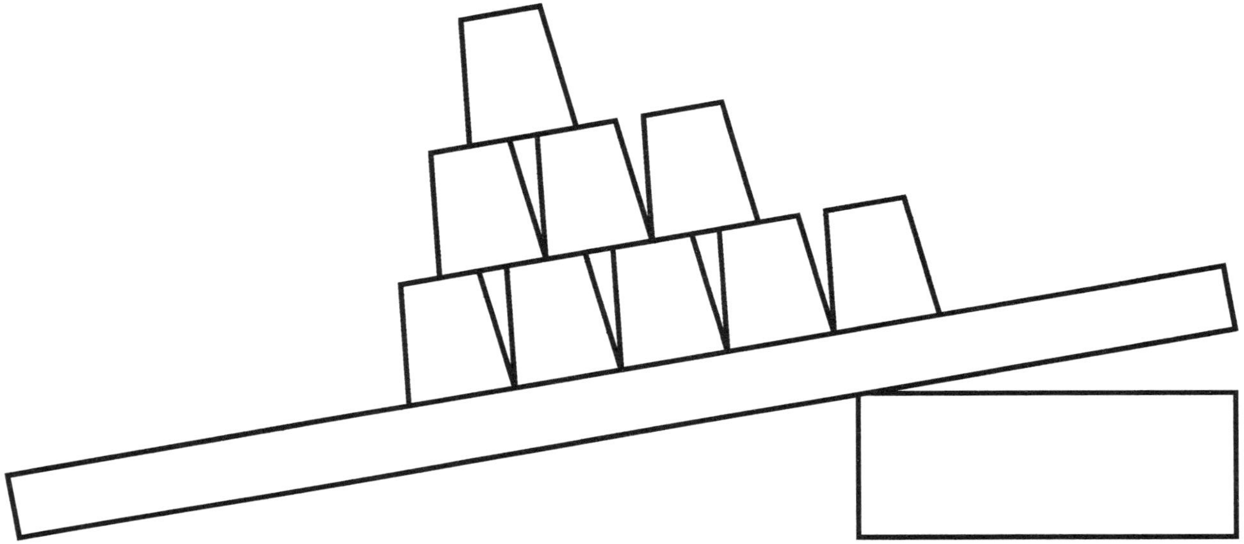

傾きは10度ほど

問題４５−１

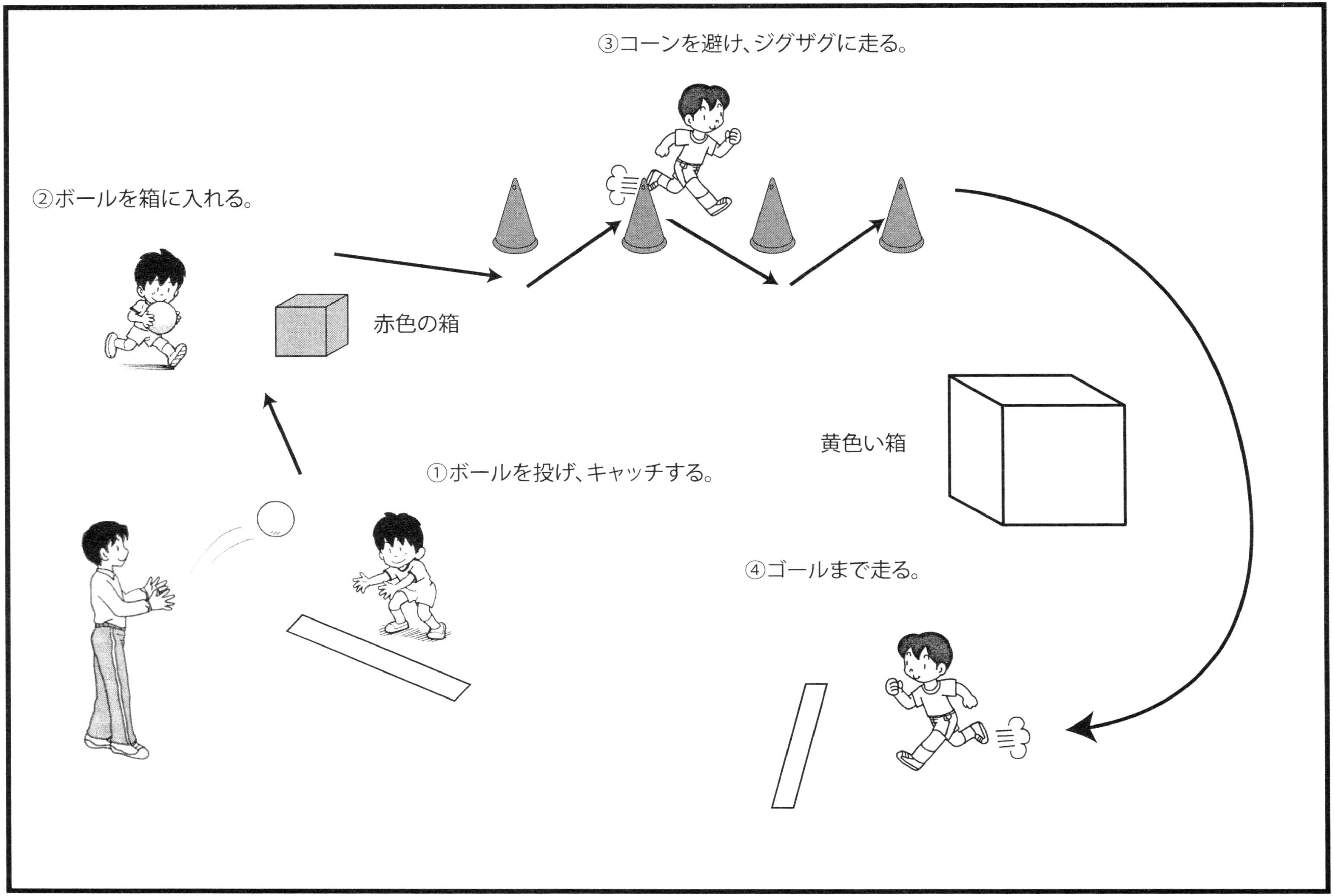
③コーンを避け、ジグザグに走る。
②ボールを箱に入れる。
赤色の箱
黄色い箱
①ボールを投げ、キャッチする。
④ゴールまで走る。

問題４５－２

①平均台の上をクマ歩きで進む

②４本のゴムを飛び越える

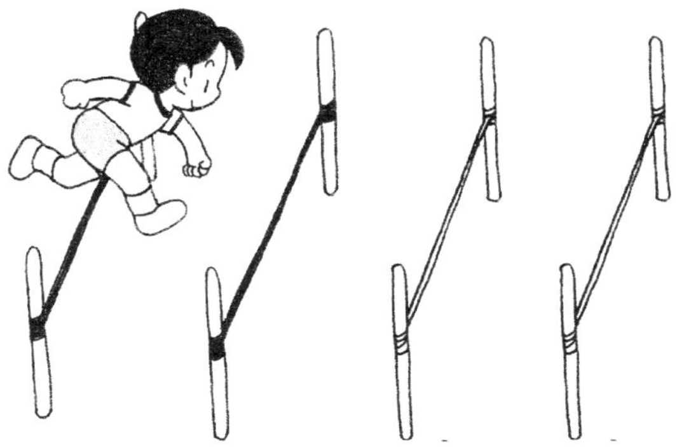

図書カード 1000 円分プレゼント

ご記入日 令和　　年　　月　　日

☆国・私立小学校受験アンケート☆

※可能な範囲でご記入下さい。選択肢は〇で囲んで下さい。

〈小学校名〉＿＿＿＿＿＿＿＿＿＿＿＿　〈お子さまの性別〉男・女　〈誕生月〉＿＿月

〈その他の受験校〉（複数回答可）＿＿＿＿＿＿＿＿＿＿＿＿＿＿＿＿＿＿＿＿

〈受験日〉①：＿＿月＿＿日〈時間〉＿＿時＿＿分　～　＿＿時＿＿分

②：＿＿月＿＿日〈時間〉＿＿時＿＿分　～　＿＿時＿＿分

〈受験者数〉男女計＿＿名（男子＿＿名　女子＿＿名）

〈お子さまの服装〉＿＿＿＿＿＿＿＿＿＿＿＿＿＿＿＿

〈入試全体の流れ〉（記入例）準備体操→行動観察→ペーパーテスト

＿＿＿＿＿＿＿＿＿＿＿＿＿＿＿＿＿＿＿＿＿＿＿＿＿＿＿＿

Eメールによる情報提供

日本学習図書では、Eメールでも入試情報を募集しております。

下記のアドレスに、アンケートの内容をご入力の上、メールをお送り下さい。

ojuken@nichigaku.jp

●行動観察　（例）好きなおもちゃで遊ぶ・グループで協力するゲームなど

〈実施日〉＿＿月＿＿日〈時間〉＿＿時＿＿分　～　＿＿時＿＿分〈着替え〉□有　□無

〈出題方法〉□肉声　□録音　□その他（　　　　　）〈お手本〉□有　□無

〈試験形態〉□個別　□集団（　　　人程度）

〈会場図〉

〈内容〉

□自由遊び

＿＿＿＿＿＿＿＿＿＿＿＿＿＿＿＿＿＿＿＿

□グループ活動

＿＿＿＿＿＿＿＿＿＿＿＿＿＿＿＿＿＿＿＿

□その他

＿＿＿＿＿＿＿＿＿＿＿＿＿＿＿＿＿＿＿＿

●運動テスト（有・無）　（例）跳び箱・チームでの競争など

〈実施日〉＿＿月＿＿日〈時間〉＿＿時＿＿分　～　＿＿時＿＿分〈着替え〉□有　□無

〈出題方法〉□肉声　□録音　□その他（　　　　　）〈お手本〉□有　□無

〈試験形態〉□個別　□集団（　　　人程度）

〈会場図〉

〈内容〉

□サーキット運動

□走り　□跳び箱　□平均台　□ゴム跳び

□マット運動　□ボール運動　□なわ跳び

□クマ歩き

□グループ活動＿＿＿＿＿＿＿＿＿＿＿＿＿＿＿＿

□その他＿＿＿＿＿＿＿＿＿＿＿＿＿＿＿＿＿＿

●知能テスト・口頭試問

〈実施日〉＿＿月＿＿日 〈時間〉＿＿時＿＿分 ～ ＿＿時＿＿分 〈お手本〉□有 □無

〈出題方法〉 □肉声 □録音 □その他（　　　　　） 〈問題数〉＿＿枚 ＿＿問

分野	方法	内容	詳細・イラスト
(例) お話の記憶	☑筆記 □口頭	動物たちが待ち合わせをする話	(あらすじ) 動物たちが待ち合わせをした。最初にウサギさんが来た。次にイヌくんが、その次にネコさんが来た。最後にタヌキくんが来た。 (問題・イラスト) ３番目に来た動物は誰か 
お話の記憶	□筆記 □口頭		(あらすじ) (問題・イラスト)
図形	□筆記 □口頭		
言語	□筆記 □口頭		
常識	□筆記 □口頭		
数量	□筆記 □口頭		
推理	□筆記 □口頭		
その他	□筆記 □口頭		

●制作　（例）ぬり絵・お絵かき・工作遊びなど

〈実施日〉＿＿月＿＿日〈時間〉＿＿時＿＿分＿＿～＿＿時＿＿分

〈出題方法〉□肉声 □録音 □その他（　　　　　　）〈お手本〉□有 □無

〈試験形態〉□個別 □集団（　　　人程度）

材料・道具	制作内容
□ハサミ □のり（□つぼ □液体 □スティック） □セロハンテープ □鉛筆 □クレヨン（　色） □クーピーペン（　色） □サインペン（　色）□ □画用紙（□ A4 □ B4 □ A3 　□その他：　　　　　） □折り紙 □新聞紙 □粘土 □その他（　　　　　　）	□切る □貼る □塗る □ちぎる □結ぶ □描く □その他（　　　　　　） タイトル：＿＿＿＿＿＿＿＿＿＿

●面接

〈実施日〉＿＿月＿＿日〈時間〉＿＿時＿＿分＿＿～＿＿時＿＿分〈面接担当者〉＿＿名

〈試験形態〉□志願者のみ（　　）名 □保護者のみ □親子同時 □親子別々

〈質問内容〉

□志望動機　□お子さまの様子

□家庭の教育方針

□志望校についての知識・理解

□その他（　　　　　　　　　　　）

（　詳　細　）

・

・

・

・

※試験会場の様子をご記入下さい。

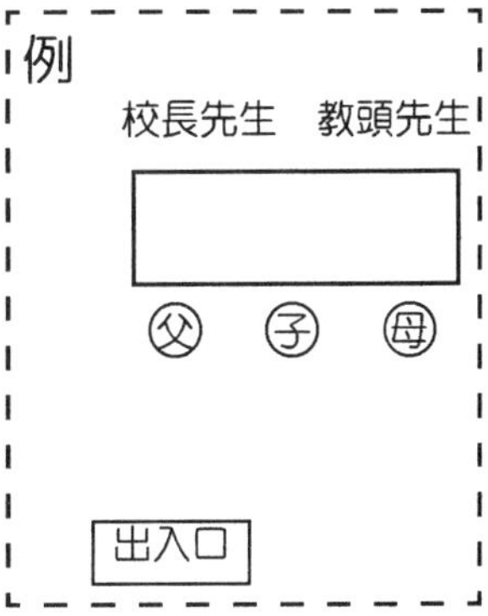

●保護者作文・アンケートの提出（有・無）

〈提出日〉□面接直前 □出願時 □志願者考査中 □その他（　　　　　　　　　　）

〈下書き〉□有 □無

〈アンケート内容〉

（記入例）当校を志望した理由はなんですか（150字）

●**説明会**（□有　□無）**〈開催日〉**　　月　　日**〈時間〉**　時　分　～　時　分

〈上履き〉　□要　□不要　**〈願書配布〉**　□有　□無　**〈校舎見学〉**　□有　□無

〈ご感想〉

●**参加された学校行事**（複数回答可）

公開授業〈開催日〉　　月　　日〈時間〉　時　分　～　時　分

運動会など〈開催日〉　　月　　日〈時間〉　時　分　～　時　分

学習発表会・音楽会など〈開催日〉　　月　　日〈時間〉　時　分　～　時　分

〈ご感想〉

※是非参加したほうがよいと感じた行事について

●**受験を終えてのご感想、今後受験される方へのアドバイス**

※対策学習（重点的に学習しておいた方がよい分野）、当日準備しておいたほうがよい物など

＊＊＊＊＊＊＊＊＊＊＊＊＊　ご記入ありがとうございました　＊＊＊＊＊＊＊＊＊＊＊＊＊

必要事項をご記入の上、ポストにご投函ください。

なお、本アンケートの送付期限は入試終了後３ヶ月とさせていただきます。また、入試に関する情報の記入量が当社の基準に満たない場合、謝礼の送付ができないことがございます。あらかじめご了承ください。

ご住所：〒

お名前：　　　　　　　　　メール：

TEL：　　　　　　　　　　FAX：

アンケートのご記入
ありがとうございました

ご記入頂いた個人に関する情報は、当社にて厳重に管理致します。弊社の個人情報取り扱いに関する詳細は、www.nichigaku.jp/policy.php の「個人情報の取り扱い」をご覧下さい。

分野別 小学入試練習帳 ジュニアウォッチャー

1. 点・線図形	小学校入試で出題頻度の高い『点・線図形』の模写を、難易度の低いものから段階別に幅広く練習することができるように構成。
2. 座標	図形の位置模写という作業を、難易度の低いものから段階別に練習できるように構成。
3. パズル	様々なパズルの問題を難易度の低いものから段階別に練習できるように構成。
4. 同図形探し	小学校入試で出題頻度の高い、同図形選びの問題を繰り返し練習できるように構成。
5. 回転・展開	図形などを回転、または展開したとき、形がどのように変化するかを学習し、理解を深められるように構成。
6. 系列	数、図形などの様々な系列問題を、難易度の低いものから段階別に練習できるように構成。
7. 迷路	迷路の問題を繰り返し練習できるように構成。
8. 対称	対称に関する問題を４つのテーマに分類し、各テーマごとに問題を段階別に練習できるように構成。
9. 合成	図形の合成に関する問題を、難易度の低いものから段階別に練習できるように構成。
10. 四方からの観察	もの（立体）を様々な角度から見て、どのように見えるかを推理する問題を段階別に整理し、１つの形式で複数の問題を練習できるように構成。
11. いろいろな仲間	ものや動物、植物の共通点を見つけ、分類していく問題を中心に構成。
12. 日常生活	日常生活における様々な問題を６つのテーマに分類し、各テーマごとに一つの問題形式で複数の問題を練習できるように構成。
13. 時間の流れ	『時間』に着目し、様々なものごとは、時間が経過するとどのように変化するのかということを学習し、理解できるように構成。
14. 数える	様々なものを『数える』ことから、数の多少の判定やかけ算、わり算の基礎までを練習できるように構成。
15. 比較	比較に関する問題を５つのテーマ（数、高さ、長さ、量、重さ）に分類し、各テーマごとに問題を段階別に練習できるように構成。
16. 積み木	数える対象を積み木に限定した問題集。
17. 言葉の音遊び	言葉の音に関する問題を５つのテーマに分類し、各テーマごとに問題を段階別に練習できるように構成。
18. いろいろな言葉	表現力をより豊かにするいろいろな言葉として、擬態語や擬声語、同音異義語、反意語、数詞を取り上げた問題集。
19. お話の記憶	お話を聴いてその内容を記憶、理解し、設問に答える形式の問題集。
20. 見る記憶・聴く記憶	「見て憶える」「聴いて憶える」という『記憶』分野に特化した問題集。
21. お話作り	いくつかの絵を元にしてお話を作る練習をして、想像力を養うことができるように構成。
22. 想像画	描かれてある形や景色に好きな絵を描くことにより、想像力を養うことができるように構成。
23. 切る・貼る・塗る	小学校入試で出題頻度の高い、はさみやのりなどを用いた巧緻性の問題を繰り返し練習できるように構成。
24・絵画	小学校入試で出題頻度の高い、お絵かきやぬり絵などクレヨンやクーピーペンを用いた巧緻性の問題を繰り返し練習できるように構成。
25. 生活巧緻性	小学校入試で出題頻度の高い日常生活の様々な場面における巧緻性の問題集。
26. 文字・数字	ひらがなの清音、濁音、拗音、拗長音、促音と１～20までの数字に焦点を絞り、練習できるように構成。
27. 理科	小学校入試で出題頻度が高くなりつつある理科の問題を集めた問題集。
28. 運動	出題頻度の高い運動問題を種目別に分けて構成。
29. 行動観察	項目ごとに問題提起をし、「このような時はどうか、あるいはどう対処するのか」の観点から問いかける形式の問題集。
30. 生活習慣	学校から家庭に提起された問題と思って、一問一問絵を見ながら話し合い、考える形式の問題集。

31. 推理思考	数、量、言語、常識（含理科、一般）など、諸々のジャンルから問題を構成し、近年の小学校入試問題傾向に沿って構成。
32. ブラックボックス	箱や筒の中を通ると、どのようなお約束でどのように変化するかを推理・思考する問題集。
33. シーソー	重さの違うものをシーソーに乗せた時どちらに傾くのか、またどうすればシーソーは釣り合うのかを思考する基礎的な問題集。
34. 季節	様々な行事や植物などを季節別に分類できるように知識をつける問題集。
35. 重ね図形	小学校入試で頻繁に出題されている「図形を重ね合わせてできる形」についての問題を集めました。
36. 同数発見	様々な物を数え「同じ数」を発見し、数の多少の判断や数の認識の基礎を学べるように構成した問題集。
37. 選んで数える	数の学習の基本となる、いろいろなものの数を正しく数える学習を行う問題集。
38. たし算・ひき算１	数字を使わず、たし算とひき算の基礎を身につけるための問題集。
39. たし算・ひき算２	数字を使わず、たし算とひき算の基礎を身につけるための問題集。
40. 数を分ける	数を等しく分ける問題です。等しく分けたときに余りが出るものもあります。
41. 数の構成	ある数がどのような数で構成されているか学んでいきます。
42. 一対多の対応	一対一の対応から、一対多の対応まで、かけ算の考え方の基礎学習を行います。
43. 数のやりとり	あげたり、もらったり、数の変化をしっかりと学びます。
44. 見えない数	指定された条件から数を導き出します。
45. 図形分割	図形の分割に関する問題集。パズルや合成の分野にも通じる様々な問題を集めました。
46. 回転図形	「回転図形」に関する問題集。やさしい問題から始め、いくつかの代表的なパターンから、段階を踏んで学習できるよう編集されています。
47. 座標の移動	「マス目の指示通りに移動する問題」と「指示された数だけ移動する問題」を収録。
48. 鏡図形	鏡で左右反転させた時の見え方を考えます。平面図形から立体図形、文字、絵まで。
49. しりとり	すべての学習の基礎となる「言葉」を学ぶこと、特に「語彙」を増やすことに重点をおき、さまざまなタイプの「しりとり」問題を集めました。
50. 観覧車	観覧車やメリーゴーラウンドなどを舞台にした「回転系列」の問題集。「推理思考」分野の問題ですが、要素として「図形」や「数量」も含みます。
51. 運筆①	鉛筆の持ち方を学び、点線なぞり、お手本を見ながらの模写で、線を引く練習をします。
52. 運筆②	運筆①からさらに発展し、「欠所補完」や「迷路」などを楽しみながら、より複雑な鉛筆運びを習得することを目指します。
53. 四方からの観察 積み木編	積み木を使用した「四方からの観察」に関する問題を練習できるように構成。
54. 図形の構成	見本の図形がどのような部分によって形づくられているかを考えます。
55. 理科②	理科的知識に関する問題を集中して練習する「常識」分野の問題集。
56. マナーとルール	道路や駅、公共の場でのマナー、安全や衛生に関する常識を学べるように構成。
57. 置き換え	さまざまな具体的・抽象的事象を記号で表す「置き換え」の問題を扱います。
58. 比較②	長さ・高さ・体積・数などを数学的な知識を使わず、論理的に推測する「比較」の問題を練習できるように構成。
59. 欠所補完	線と線のつながり、欠けた絵に当てはまるものなどを求める「欠所補完」に取り組める問題集です。
60. 言葉の音（おん）	しりとり、決まった順番の音をつなげるなど、「言葉の音」に関する問題に取り組める練習問題集です。

家庭学習をトータルサポート！ ニチガクのオリジナル 効果的 学習法

1 まずは アドバイスページを読む！

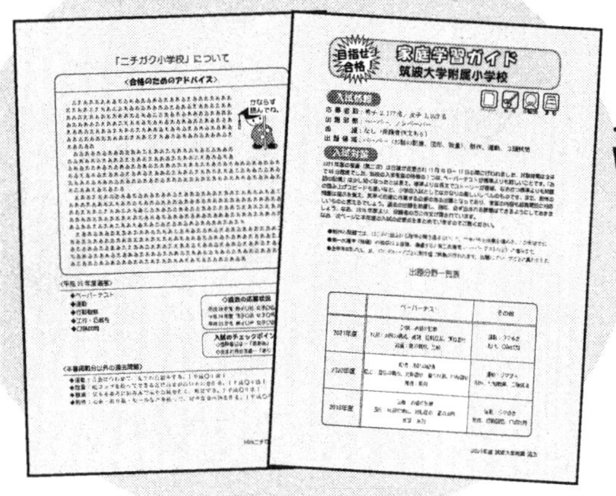

対策や試験ポイントがぎっしりつまった「家庭学習ガイド」。分野アイコンで、試験の傾向をおさえよう！

2 問題をすべて読み、出題傾向を把握する

3 「学習のポイント」で学校側の観点や問題の解説を熟読

4 はじめて過去問題にチャレンジ！

5 プラスα 対策問題集や類題で力を付ける

過去問のこだわり

ピンク色です

最新問題は問題ページ、イラストページ、解答・解説ページが独立しており、お子さまにすぐに取り掛かっていただける作りになっています。
ニチガクの学校別問題集ならではの、学習法を含めたアドバイスを利用して効率のよい家庭学習を進めてください。

各問題のジャンル

問題7 分野：図形（図形の構成） Aグループ男子

〈解 答〉 下図参照

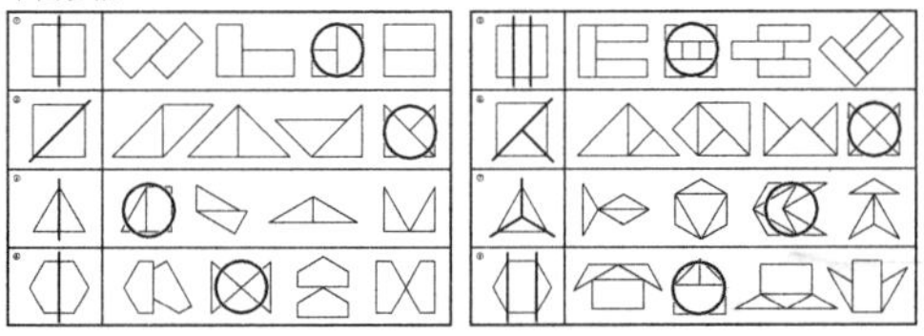

図形の構成の問題です。解答時間が圧倒的に短いので、直感的に答えないと全問答えることはできないでしょう。例年ほど難しい問題ではないので、ある程度準備をしたお子さまなら可能のはずです。注意すべきなのはケアレスミスで、「できないものはどれですか」と聞かれているのに、できるものに○をしたりしてはおしまいです。こういった問題では基礎とも言える問題なので、もしわからなかった場合は基礎問題を分野別の問題集などでおさらいしておきましょう。

【おすすめ問題集】
★筑波大附属小学校図形攻略問題集①②★（書店では販売しておりません）
Jr・ウォッチャー9「合成」、54「図形の構成」

学習のポイント

各問題の解説や学校の観点、指導のポイントなどを教えます。
今日から保護者の方が家庭学習の先生に！

おすすめ対策問題集

分野ごとに対策問題集をご紹介。苦手分野の克服に最適です！
＊専用注文書付き。

2022年度版 埼玉大学教育学部附属小学校
過去問題集

発行日 2021年6月7日
発行所 〒162-0821 東京都新宿区津久戸町 3-11-9F
日本学習図書株式会社
電 話 03-5261-8951 ㈹

ISBN978-4-7761-5376-4
C6037 ¥2000E
9784776153764
定価2,200円
(本体2,000円＋税10%)
1926037020004

詳細は http://www.nichigaku.jp 日本学習図書 検索